Arqueología Experimental: La manufactura de Terracotas en Época Romana

Mª Luisa Ramos Sáinz
Luis Fuentes Ghislaín

BAR International Series 736
1998

Published in 2019 by
BAR Publishing, Oxford

BAR International Series 736

Arqueología Experimental: La manufactura de Terracotas en Época Romana

ISBN 9780860549697 paperback
ISBN 9781407350578 e-book

DOI https://doi.org/10.30861/9780860549697

A catalogue record for this book is available from the British Library

This book is available at www.barpublishing.com

BAR Publishing is the trading name of British Archaeological Reports (Oxford) Ltd. British Archaeological Reports was first incorporated in 1974 to publish the BAR Series, International and British. In 1992 Hadrian Books Ltd became part of the BAR group. This volume was originally published by John and Erica Hedges in conjunction with British Archaeological Reports (Oxford) Ltd / Hadrian Books Ltd, the Series principal publisher, in 1998. This present volume is published by BAR Publishing, 2019.

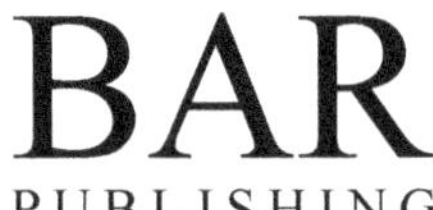

BAR titles are available from:

BAR Publishing
122 Banbury Rd, Oxford, OX2 7BP, UK
EMAIL info@barpublishing.com
PHONE +44 (0)1865 310431
FAX +44 (0)1865 316916
www.barpublishing.com

A Miguel Angel y Celia Cuenca
en agradecimiento por su constante apoyo

INTRODUCCIÓN

La idea de escribir este libro surgió de la necesidad de efectuar un estudio, que utilizando técnicas propias de la arqueología experimental, completase la laguna existente en el panorama de las terracotas hispanas. La mayoría de los trabajos que conocemos sobre la plástica romana se centran en análisis de carácter tipológico y son escasos los estudios sobre técnicas de fabricación. No hemos de olvidar que las terracotas han sido consideradas por muchos, dentro del capítulo de las artes menores, y por este mismo motivo pocos son los estudios sobre su manufactura (Pottier, 1890; Vertet, 1976; Vertet, 1983; Blanchet, 1983; Nicholls, 1984; Rabeisen y Vertet, 1986; Bémont, Jealin, Lahainier, 1993). Esto hace que a menudo se repitan las mismas ideas erróneas o poco relevantes sobre su proceso de fabricación.

Por otra parte solo conocemos a un investigador que haya podido demostrar experimentalmente estas técnicas, y ello en el campo de los vasos cerámicos, en concreto para el caso de las lucernas (Vertet, 1975). Por este motivo, el análisis pormenorizado de los más de cuatro centenares de terracotas procedentes de las provincias Tarraconense y Lusitania, muestra la importancia del trabajo experimental que venimos desarrollando, ya que se trata de un análisis único en su género.

Es evidente que un estudio sobre la manufactura antigua plantea dificultades que todo el mundo no está en disposición de poder abordar. Para empezar hay que contar con una infraestructura adecuada, disponer del tiempo necesario para la experimentación que a veces se hace larga y complicada, y sobre todo realizar un trabajo interdisciplinar en el que es preciso que colaboren estrechamente diversos especialistas (arqueólogos, ceramistas y geólogos, principalmente).

Como lamentablemente son pocas las fuentes antiguas que nos ilustran sobre este aspecto de la plástica romana (Ramos y Chincoa, 1994, 53-56), la observación directa de las piezas originales y la posterior reconstrucción de su proceso de fabricación, serán los aspectos esenciales para conocer en profundidad la labor efectuada por estos antiguos coroplastas.

Nuestros estudios se centran en resolver una serie de cuestiones planteadas que surgen de la observación directa de las piezas antiguas. Primero analizamos las terracotas originales, para lo que se documenta su manufactura a través de una descripción detallada, acompañada de fotos y dibujos. Con este material se elabora un catálogo en el que se buscan las afinidades y diferencias en la elaboración de unas piezas u otras, y se formulan diversas hipótesis de trabajo, a partir de las cuales se realizan los ensayos oportunos que nos llevan a reproducir la supuesta manufactura empleada (Ramos y Fuentes, en prensa).

Ahora bien reproducir la antigua manufactura de las terracotas puede tener algunos inconvenientes, debido principalmente a que la realización de la misma no se puede llevar a cabo de igual modo que en época romana, pues partimos de supuestos actuales y de nuestra propia experiencia en ese campo, lo que puede quitar frescura a nuestro trabajo, anticipando en él opiniones preconcebidas. Además, aunque hemos intentado reproducir los antiguos métodos, nos ha faltado poder cocer en un horno del tipo de los empleados por los romanos en Hispania (de tiro vertical, llama libre y funcionamiento discontinuo, Juan, 1992, 74). Hemos suplido esta carencia con análisis de pastas, que nos han dado entre otras informaciones, documentación sobre la temperatura a la que fueron horneadas las terracotas (Vigil, García, Cala y Ramos, 1994, 430; García, Vigil y Ramos, 1992, 439).

En este libro hemos recogido todas las experiencias relacionadas con el proceso de fabricación de las terracotas, tanto de uso arquitectónico como de carácter ornamental o votivo. Entendiendo por terracota, a todas aquellas piezas de arcilla cocidas a baja temperatura (no inferior a los 600° C) y sin barnizar. Con ello hemos pretendido elaborar un manual en el que sea posible reconocer el proceso de manufactura de cualquier pieza de este tipo con su simple observación, para lo que hemos realizado un documento eminentemente visual. Las fotos y dibujos que lo acompañan harán más fácil los criterios de identificación de cada una de las fases que aquí se detallan. Además hemos querido mostrar los procesos de manufactura, dividiéndolos en dos grandes bloques que faciliten la búsqueda de un tipo concreto. Por lo tanto el lector podrá estudiar unas manufacturas u otras en función de su interés.

El libro se compone de cinco grandes bloques. Por un lado se muestra el comportamiento y naturaleza de los diferentes materiales empleados en el proceso de fabricación de las terracotas (arcilla, cal, yeso y pigmentos). Luego se describe de forma resumida la manufactura de todas las piezas; para pasar después a dos grandes bloques en los que se analiza pormenorizadamente cada proceso. Primero el de las figuritas de terracota y posteriormente el de las terracotas arquitectónicas. Seguidamente se ofrecen algunos análisis de pastas que amplían la información de las terracotas estudiados. Y por último se concluye con un glosario en el que se recogen todas los términos técnicos empleados en la obra.

1.- NATURALEZA DE LOS MATERIALES EMPLEADOS

A continuación pasaremos a explicar la naturaleza de cada uno de los materiales empleados en el proceso de fabricación de las terracotas. Para ello analizaremos en primer lugar su composición, el modo de extraer dicho material de la tierra, y su preparación antes de emplearlo en la fabricación de estas piezas.

1.1.- ARCILLA

1.1.1.- COMPOSICIÓN Y PROPIEDADES

La arcilla es una sustancia mineral compuesta de sílice y alúmina. Cuyas propiedades son las siguientes:

A.- Plasticidad

Es la característica típica de este material, mediante la adición de una cierta cantidad de agua, la arcilla puede adquirir la forma que uno desee.

B.- Merma

Una vez configurado el objeto, se produce una contracción o merma durante el secado, lo que es debido a la evaporación del agua contenida en la masa arcillosa.

C.- Refractariedad

Resiste el aumento de temperatura sin sufrir más variaciones que la de su endurecimiento.

D.- Porosidad

Depende de la consistencia más o menos compacta que adopta el cuerpo cerámico después de la cocción y eso está directamente relacionado con la temperatura de cocción. Son más porosas las arcillas cocidas a bajas temperaturas que las horneadas a más altas.

E.- Color

La mayoría de las arcillas, salvo los caolines y arcillas ricas en carbonatos cálcicos que son blancas, presentan un color ocre hasta el rojizo debido a la existencia en su composición del óxido de hierro.

1.1.2.- EXTRACCIÓN

El modo de extracción de la arcilla se realiza por lo general en una zanja o foso abierto en la tierra (fig.l). La explotación del yacimiento puede ser más o menos intensa dependiendo de los métodos utilizados. En la antigüedad es de suponer que ésta se haría de forma análoga a como lo hacían los alfareros en el siglo pasado. Desafortunadamente carecemos de fuentes antiguas que nos documenten sobre este proceso. A continuación pasamos a describir el método rudimentario empleado en el Campo de Tarragona para la obtención de dicha roca clástica (Bermúdez, 1982-83, 218-219). La extracción consiste en dos operaciones sucesivas, por un lado el desbrozo del terreno y por otro la obtención de la arcilla propiamente dicha.

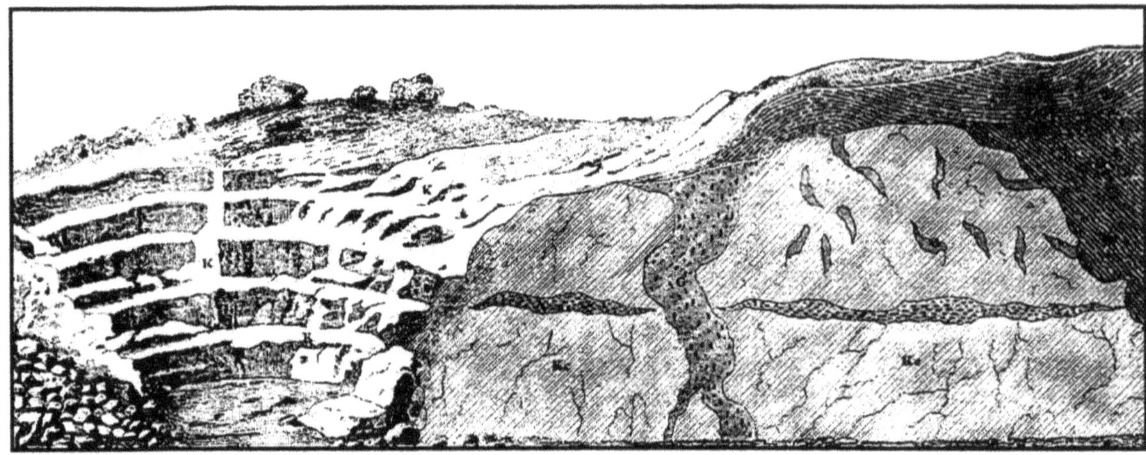

Fig 1.- Representación de un yacimiento de arcilla (según A. Brongniart)

Con utensilios apropiados tales como pico, azada y pala, se remueve el estrato superficial denominado estéril en el lenguaje técnico, compuesto principalmente por una capa de humus en la cual las plantas han introducido sus raíces; además hay arena fina y gruesa, guijarros, etc. (Cuomo, 1988, 58). En el momento en que se localiza el estrato de arcilla utilizable, se amplía la excavación, creando un foso a cielo abierto en el que se realizan catas y rebajes en el terreno a partir de los cuales evoluciona el trabajo en uno o varios frentes. Restos de estos fosos se han localizado en las cercanías del taller de ánforas de la Almadraba en Denia (Alicante) (Gisbert, 1991, 114). Cuando el nivel de la excavación se hace más profundo se cavan una serie de peldaños en las paredes del foso, utilizados para sacar la arcilla en sacos o gruesas cestas, que los trabajadores debían cargar a la espalda (fig.2).

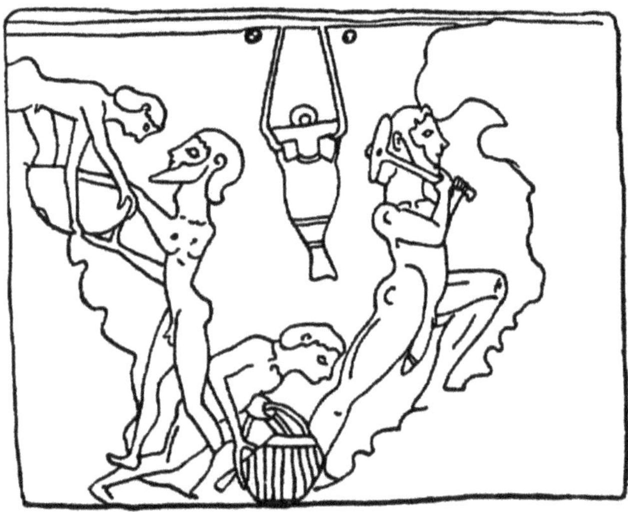

Fig.2.- Placa corintia de cerámica (s.VI a.C.) que representa la extracción de la arcilla de un yacimiento de este material (según O.Rayat y M.Collignon).

En época romana lo frecuente era que los centros de producción cerámica se encontraran en las cercanías de los yacimientos de arcilla.

1.1.3.- PREPARACIÓN

A.- Secado

Una vez extraída la arcilla era preciso dejarla secar. Para ello se coloca al aire libre en un espacio diseñado al efecto. Este lugar esta delimitado por unas pequeñas paredes de arcilla. Aquí se deja el material expuesto a los agentes atmosféricos, por un período de tiempo variable según el clima y las costumbres locales pero sobre todo según la composición de la arcilla y el tipo de producción a que ésta se destine. La arcilla empleada en la fabricación de terracotas arquitectónicas no debía exponerse durante demasiado tiempo, ya que se trata de un material grosero, el mismo que se empleaba para la realización de tejas y ladrillos, mientras que las arcillas utilizadas en la manufactura de figuritas votivas eran de factura más fina y por ello debían permanecer más tiempo a la intemperie.

La exposición al sol, lluvia o hielo, provoca la putrefacción de las sustancias orgánicas contenidas en la arcilla y este proceso influye posteriormente en su grado de plasticidad, ya que produce un coloide orgánico que aumenta el carácter plástico de los minerales arcillosos (Amilano, 1985, 29).

Durante el proceso de secado, se realiza también una primera purificación química consistente en la oxidación del sulfuro de hierro, a menudo presente en la arcilla. Pero si éste no desapareciera totalmente durante la cocción se descompondrá, dando lugar a una serie de reacciones químicas, que como resultado final pueden provocar manchas y eflorescencias en la superficie de la terracota.

B.- Depurado

Tras el secado, la arcilla se depura para eliminar materiales extraños heterogéneos, como los fragmentos de rocas y minerales de variadas dimensiones, carbonatos en forma de nódulos (caliches), que afectan al cuerpo cerámico por su hidratación y aumento de volumen, lo que provoca la rotura de las piezas al ser cocidas. Fósiles, restos vegetales, etc. cuya presencia es perjudicial para el modelado y cocción de la manufactura. El proceso de depurado se puede realizar siguiendo varios métodos, que también se pueden combinar entre sí (Cuomo, 1988, 60-62). Sedimentación en agua estancada, levigación en agua corriente o tamizado.

Para la sedimentación en agua estancada, la arcilla es colocada en el interior de recipientes adecuados, que sean profundos, y con abundante agua bien mezclada. A continuación se deja transcurrir un intervalo de tiempo que permita a los materiales más pesados depositarse en el fondo del recipiente, y mientras tanto con un cuenco de fondo plano se vacía la arcilla muy diluida en agua, con cuidado de no remover el fondo en el que han quedado depositadas las impurezas. Se obtendrá así una arcilla de granulometría muy fina y uniforme.

La levigación en agua corriente se hace de la siguiente forma. La arcilla es colocada en una serie de recipientes unidos uno a otro en posición descendente (fig.3), de esta manera el agua corre del primer recipiente al segundo y así hasta el último, transportando consigo las partículas arcillosas que son por naturaleza las más finas, mientras que las de mayores dimensiones o más pesadas caen al fondo de los recipientes. Cuanto más lenta es la circulación del agua y más numerosos son los recipientes degradantes, tanto más fina es la arcilla que se obtiene al finalizar el proceso.

En cuanto al tamizado, la técnica consiste en hacer pasar la arcilla diluida en agua a través de un tamiz, cuanto más fino sea éste más depurada será la masa resultante.

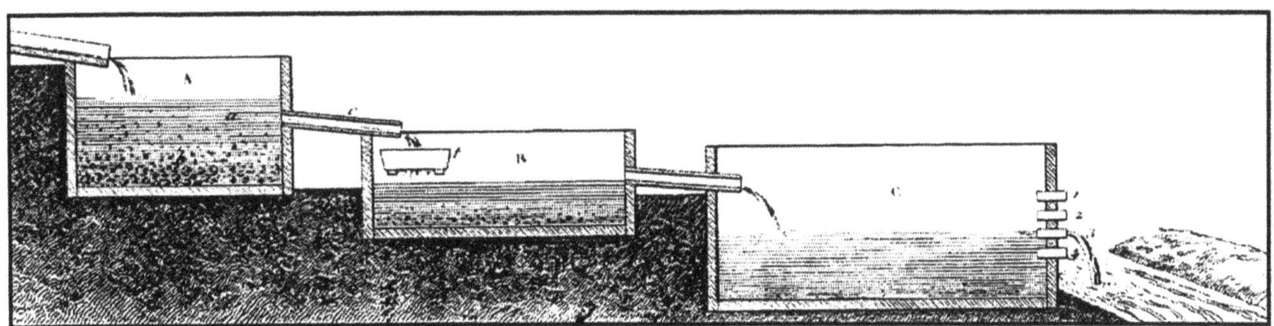

Fig.3.- Cubas de sedimentación y purificación de la arcilla (según A.Brongniart)

C.- Secado

Ahora bien sea cual fuere el proceso empleado en la depuración de la arcilla, será necesario dejar que luego pierda el agua sobrante. Para ello se coloca en un amplio recipiente de poco fondo que favorezca la evaporación.

D.- Adición de desgrasantes

A continuación se procederá a la adición de los desgrasantes que se consideren oportunos, si la arcilla es muy grasa, es decir demasiado plástica, deben incluirse algunos desgrasantes que la hagan más resistente; sí por el contrario, es demasiado magra, o lo que es lo mismo insuficientemente plástica, deberá ser corregida con la unión de otras arcillas más ricas en minerales arcillosos.

Los desgrasantes más comunes son los silíceos, bajo la forma de cuarzos y chamota, es decir fragmentos triturados de ladrillos tejas o cerámica. Ambos son definidos como desgrasantes inertes porque su función principal reside en reducir la plasticidad y porque a la temperatura normal de cocción de las terracotas no se producen transformaciones de relieve, conservando inalteradas las características originarias. Pero también existen otro tipo de desgrasantes, los fundentes, que no bajan el punto de fusión después de la cocción. Corresponden a este tipo los feldespatos potásicos (ortoclasas) o sódicos (plagioclasas), los carbonatos, los óxidos de hierro, las calizas y el talco (silicato básico de magnesio). Durante la cocción estas materias pasan del estado pastoso al fluido, otras veces atacan a los demás componentes de la masa arcillosa, en particular a los gránulos de cuarzo, envolviéndolos con un sutil velo viscoso, que al enfriarse les une y cementa en una única masa. Las propiedades de los fundentes permiten obtener un cuerpo cerámico relativamente compacto, a pesar de que las temperaturas obtenidas en los hornos antiguos no fueran muy elevadas.

E.- Ventilación

Antes de iniciarse el modelado, la arcilla ha de ser expuesta a una ventilación, que al menos debe durar una semana (Woody, 1986, 17), con el fin de eliminar las burbujas de aire formadas cuando la masa estaba humedecida y en contacto con el agua. Aunque éstas sean de pequeñas dimensiones pueden provocar imperfecciones durante la elaboración, así como crear en el interior del cuerpo cerámico zonas de menor consistencia expuestas a inevitables roturas.

F.- Amasado

La operación de ventilado, viene seguida de un amasado de la pasta arcillosa con la planta de los pies (fig.4), lo que transforma la masa en una mezcla perfectamente homogénea.

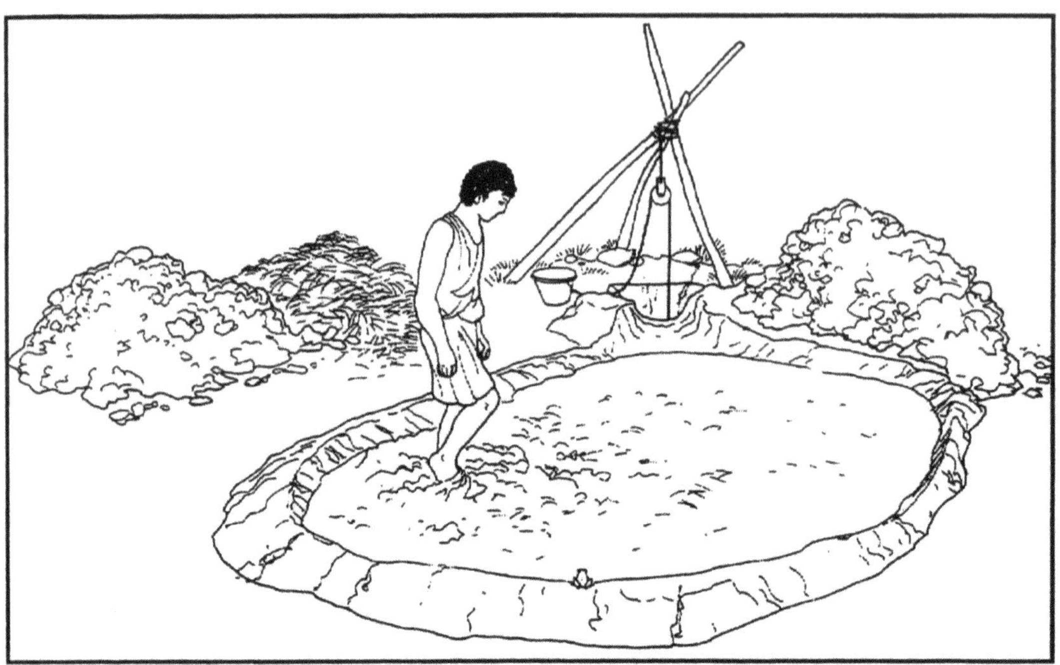

Fig.4.- Amasado de la arcilla con la planta de los pies, a la que previamente se le han añadido los desgrasantes (según J.P.Adam).

G.- Modelado

Cuando la masa arcillosa se ha convertido en un cuerpo homogéneo, se dividide en pequeñas cantidades de un tamaño apropiado para aquello que se quiera modelar. Esta vez se amasa con las manos y se golpea con el puño, torsionando la masa con la mano abierta, a fin de mejorar su homogeneidad y liberarla de alguna pequeña burbuja de aire que aún quede en su interior.

H.- Cocción

Una vez preparada la masa arcillosa y después de haber elaborado las piezas, es preciso cocerlas. Para ello sabemos que en el caso de las terracotas arquitectónicas, éstas se horneaban junto a otros materiales constructivos y cerámicos (fig.6), es decir, tejas, ladrillos, dolia, ánforas y algunos vasos de cerámica común. Mientras que las figuritas de terracota eran fabricadas por los coroplastas junto a la cerámica común y la vajilla de lujo (fig.5).

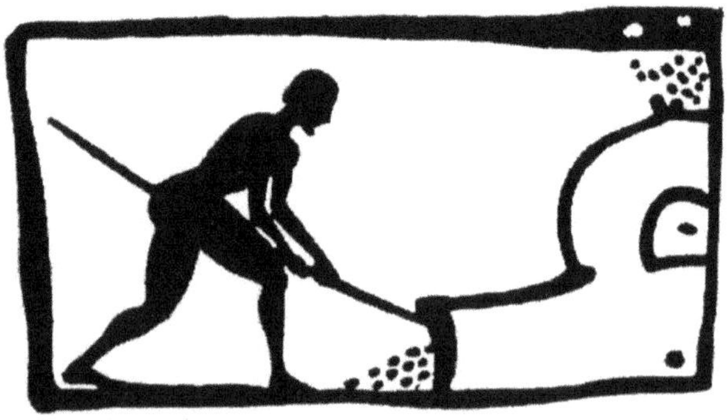

Fig.5.- Placa Corintia del s.VI a.C. en el que se ve a un trabajador que atiza el fuego de un horno de cerámica (según O.Rayat y M.Collignon)

El tipo básico de horno cerámico empleado en la Hispania romana, corresponde al más difundido en aquella época de tiro vertical a llama libre, funcionamiento discontinuo y doble cámara para separar los productos cerámicos del área de combustión (Juan, 1992, 74). La transmisión del calor se hacía por convección a través de las corrientes que producían las llamas al pasar por un tubo o chimenea.

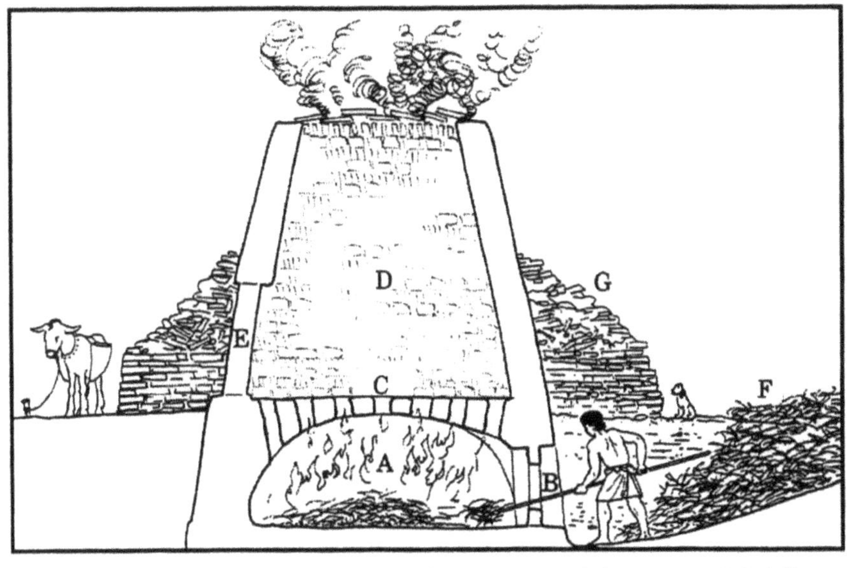

Fig.6.- Horno de materiales constructivos en los que se ven apilados una serie de ladrillos (según J.P.Adam).

Todo proceso de cocción se compone de tres fases: el precalentamiento o temple, la cocción propiamente dicha y el enfriamiento. La primera fase es necesaria para secar completamente las piezas y eliminar el menor resquicio de humedad en el horno, lo que podría conducir a cambios bruscos de temperatura y al consiguiente resquebrajamiento de las piezas. La cocción o ceramizado se realiza a una temperatura que en nuestro caso oscila entre los 950° C y 1000° C., y es de tipo oxidante. La tercera fase es tan importante como la primera, el enfriamiento del horno ha de ser lento y progresivo, para evitar el choque térmico una vez que se termina de hacer fuego.

Los análisis mineralógicos realizados en las terracotas hispanas demuestran que estas piezas debieron ser cocidas en dos fases sucesivas, una cuando se elaboró la pieza y otra después de recibir la lechada de cal. En el primer caso la temperatura del horno no superó los 1000° C que es el grado de destrucción de las micas de tipo ilita, detectadas en la mayoría de las terracotas, y en el segundo, se realizó un bizcochado que no sobrepasó los 600° C de temperatura, a la que se volatiliza el óxido de plomo contenido en la lechada de cal.

1.2.- CAL

1.2.1.- COMPOSICIÓN Y PROPIEDADES

La cal en su estado natural es una piedra calcárea compuesta de carbonato cálcico. Para obtener la cal viva o hidróxido de calcio, es preciso primero calcinarla al rededor de los 1000° C, lo que da como resultado el óxido de calcio al liberarse el gas carbónico. Por último estas piedras pulverolentas han de hidratarse con agua y conseguiremos una masa homogénea denominada cal viva, que es la que se utiliza como fondo en las terracotas.

Sus propiedades son las siguientes, color blanco y adherencia prolongada. Necesita del óxido de plomo para fijarse al soporte por medio de un horneado, que no sobrepase los 800° C., ya que de lo contrario éste se volatilizaría.

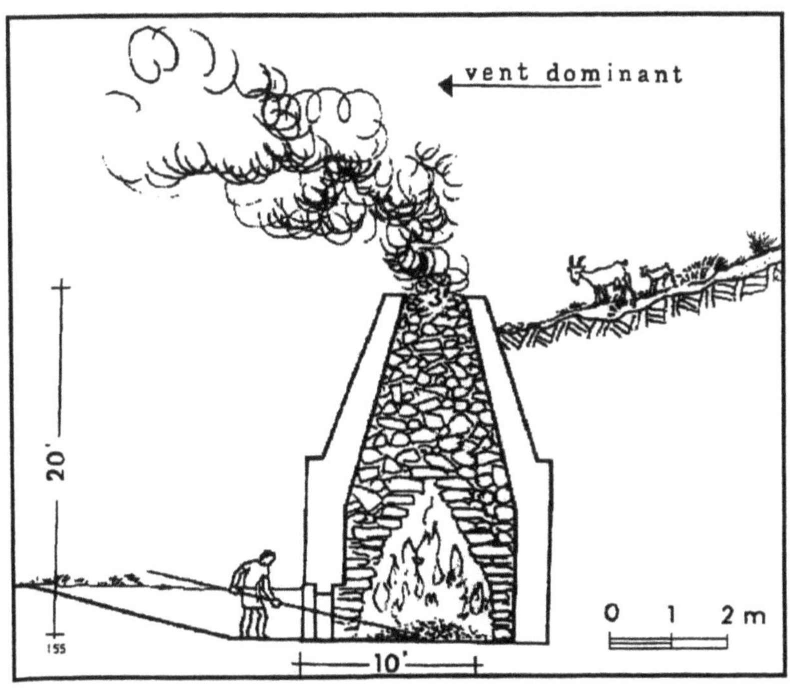

Fig.7.- Reconstrucción de un horno de cal (según J.P.Adam)

1.2.2.-EXTRACCIÓN Y PREPARACIÓN

Una vez localizada la cantera de piedra calcárea, se procede a su extracción del mismo modo que la arcilla. Luego es preciso calcinar las piedras para obtener el óxido de calcio. Este proceso se realiza en hornos semejantes a los cerámicos (fig.7). Por evidentes razones de comodidad los hornos de cal se instalaban frecuentemente en la proximidad de los yacimientos de piedra calcárea, ya que el transporte de las piedras, una vez calcinadas debía ser cuidadoso debido a su sensible perdida de peso.

En opinión de J.P.Adam (1984, 69) la observación de antiguos hornos de cal en diferentes países mediterráneos (Italia, Grecia, Túnez, Siria), donde los métodos de producción no han cambiado prácticamente desde la antigüedad, permiten describir con suficiente certeza el desarrollo de esta operación en época romana, de la que prácticamente no nos queda más información al respecto que la que nos suministran: Vitruvio (De Architectura II- 5) que es extremadamente breve sobre la fabricación de la cal, y Catón (De Agricultura, XLIV) que describe hacia el año 160 a.C. en un tratado de agricultura, la construcción de un horno y la cocción de este material.

El horno de cal es una construcción de planta circular, volumen troncocónico y dimensiones variables, los hornos observados tienen de 2 a 7 m. de diámetro. Cada vez que la morfología del terreno lo permite, el horno se construye al pie de un declive natural, de manera que la instalación se vea favorecida por una isotermia eficaz y de un acceso cómodo en la parte baja se sitúa el hogar y en parte alta la zona de carga y descarga. El suelo es arcilla y las paredes internas se revisten con adobes o piedras recubiertas de una capa de arcilla. La parte inferior del horno se hace por una pequeña abertura al nivel del suelo, lo que permite la introducción de la piedra calcárea que se ira apilando de mayor a menor tamaño y del combustible. La cocción se va a prolongar sin interrupción durante varios días (de 3 a 7 aproximadamente), dependiendo de la meteorología y del tipo de combustible.

La parte superior del horno puede dejarse en plano casi horizontal, hecho con la última capa de piedras, las cuales serán eliminadas al finalizar la operación porque se habrán cocido insuficientemente. O también puede cerrarse con un cono de paredes inclinadas recubierto por una capa de cal grasa, y con una serie de aberturas laterales que sirvan de respiraderos. Este tipo de cierre ofrece dos ventajas, por un lado no importa que las condiciones atmosféricas sean adversas, ya que está suficientemente protegido y, por otro lado el agua de lluvia caerá por las paredes inclinadas sin penetrar en su interior, debido a que estas se hallan endurecidas por la acción del calor.

1.3.- YESO

1.3.1.-COMPOSICIÓN Y PROPIEDADES

En la naturaleza este elemento se encuentra presente en dos formas: como algez o piedra de yeso, o como anhidrita, encontrándose conjuntamente ambos compuestos en los yacimientos. El algez es sulfato cálcico dihidratado y la anhidrita es sulfato cálcico anhidro.

Sus propiedades son: el color blanco, su suavidad al tacto, que al apretarlo con la mano se aglomera, y que el fraguado se verifica a gran velocidad. Además una vez endurecido es muy permeable y poco soluble en agua.

1.3.2.- EXTRACCIÓN

En yacimientos similares a los de la cal.

1.3.3.- PREPARACIÓN

Una vez extraído el algez se le somete a un horneado entre 600° y 900° C. Luego se le tritura reduciéndolo a polvo.

1.4.- PIGMENTOS MINERALES Y ORGÁNICOS

1.4.1.- COMPOSICIÓN Y PROPIEDADES

Los pigmentos empleados en época romana eran en su mayoría de origen natural. Vitruvio (De Arch.VII, VI-XIV) y Plinio (NH, 5-13; XXXV, 5-7, 6-30) los dividen en colores naturales (minerales y orgánicos) y artificiales. Y el segundo hace además una clasificación de los colores en floridos o austeros.

Los pigmentos minerales ofrecían las siguientes coloraciones: tierras ocres a base de óxidos de hierro para el amarillo; silicatos de cobre para el azul; carbonato cálcico para el blanco; cinabrio y óxidos de hierro para los diferentes tonos de rojo; silicatos de hierro y manganeso para el verde. Mezclando diferentes colores se podían obtener diversas tonalidades, así por ejemplo el gris o el violeta. Para obtener el negro se solía emplear una sustancia orgánica como el hollín , el carbón vegetal o huesos calcinados.

1.4.2.- EXTRACCIÓN

La extracción de los pigmentos de origen mineral se realizaba siguiendo la dirección de las vetas metalíferas, para lo que era necesario picar la piedra hasta llegar a un terreno fértil. El trabajo es parecido al que se desarrolla en las canteras cuando las condiciones del mineral permiten el trabajo a cielo abierto. También es frecuente el trabajo en minas a través de profundas galerías. Una vez extraído el mineral éste era transportado hasta un lugar adecuado donde se preparaba para obtener los pigmentos empleados en la coloración.

1.4.3.- PREPARACIÓN

Después de obtener el mineral era preciso calcinarlo, para después molerlo hasta ser reducido a polvo. El proceso de molienda podía realizarse en mortero de piedra o molino, dependiendo de las cantidades. A continuación se procede al lavado del mineral para que este quede en estado puro y sean disueltos los óxidos y sales con los que normalmente los minerales se presenta en la naturaleza. Será preciso darle diversos baños hasta que las aguas queden perfectamente claras. A continuación se le deja secar.

Los colores extraídos, siempre que sean de bases similares, pueden mezclarse entre sí para obtener una mayor gama de tonos.

2.-PROCESO DE MANUFACTURA: RESUMEN

2.1.- FABRICACIÓN A MANO

Son poco los ejemplos de terracotas arquitectónicas realizadas a mano, sólo conocemos dos casos en la Tarraconense, se trata de una antefija hallada en la villa romana de Río Seco de los Quintanares, en Soria (fig.52) y el detalle de un tocado de pámpanos sobre la cabeza de un Sátiro procedente de Tarraco (Ramos, 1996, 223, tipo 31). Por el contrario sí son numerosos los casos de figuritas modeladas, en Mérida se han encontrado diversos ejemplos (fig.25).

2.1.1.- MODELADO AL PELLIZCO

Esta técnica es muy simple, una vez amasada la arcilla se modela la figurita con pequeños trozos que son tomados de la peya a base de irla pellizcando. Esta técnica es rápida y los detalles de las piezas suelen estar poco marcados.

2.2.- FABRICACIÓN CON MOLDE

2.2.1.- ELABORACIÓN DEL ARQUETIPO

El primer paso necesario para la elaboración de las terracotas con molde, consiste en la creación del arquetipo (del griego *archaios*= antiguo) o prototipo (*protos*= primero).

Lo más usual es que el arquetipo se realizara a mano (figs.8 y 18), por lo que solía tratarse de una idea original inspirada en la iconografía predominante, o podía ser copia de otra pieza ya existente en el mercado, procediéndose entonces a la creación de un molde del que se obtendría un prototipo de segunda generación (fig.54), que era un poco más pequeño que su original (fig.53).

El arquetipo se hacía normalmente de arcilla, aunque en el caso de las figuritas de terracota que no sobrepasan los 10 cm. de altura, lo frecuente sería emplear la cera como materia indispensable para un adecuado modelado (fig.9), ya que si fuera de barro, a parte de necesitar una pequeña estructura interna sobre la que se armaría la pieza, el modelado y los detalles serían excesivamente dificultosos, cosa que no sucede con la cera porque es un material más rígido que no se deshace en la mano cuando se la trabaja. Además la cera es maleable, para lo que sólo es preciso sobar con los dedos la zona que se desee modelar o emplear otra fuente de calor, como lo puede ser la llama o el agua caliente.

2.2.2.- CREACIÓN DE MOLDES: VACIADO

Una vez realizado el arquetipo o prototipo podía cocerse o dejarse en crudo, dependiendo del tipo de moldes que fueran ha sacarse de él.

Hemos observado que debieron existir dos tipos de moldes: el de cerámica (figs.10 y 19), de uso más generalizado, como es el caso del molde procedente de la ciudad romana de Vareia (fig.56) y el de escayola, empleado casi en exclusivamente en la ejecución de figuritas de terracota de gran calidad.

El uso de moldes de escayola está atestiguado en la reproducción de lucernas en los talleres africanos, donde se hace uso de este material desde fines del s.IV a.C., pero sobre todo es a partir del s.II a.C. cuando se populariza dicho molde, hallándose restos de este tipo en África del Norte, Egipto y Tarsos (Mollard Besques, 1963, 23). Durante el período romano los artesanos que se desplazaron de una provincia a otra difundieron esta técnica, que fue conocida y empleada en casi todo el imperio romano.

Aunque no se hallan encontrado moldes de escayola, es posible reconocer si un objeto ha sido sacado de uno de estos moldes por ciertos detalles técnicos. El más común es la existencia de pequeñas protuberancias parecidas a perlas, ocasionadas por las burbujas de aire que quedaron encerradas en las zonas de mayor relieve del modelo, normalmente en la comisura de los labios, alrededor de los ojos, entre los cabellos y en los pliegues del ropaje (fig.32).

2.3.- REPRODUCCIÓN

La reproducción de las terracotas por medio de moldes solía realizarse por estampillado (fig.12 y 20). Esta técnica consiste en introducir en el molde la arcilla, formando una sola capa uniforme; es importante para evitar posibles fracturas provocadas por los dobleces de la masa que la primera impresión sobre la matriz se realice con la misma peya de barro. Por lo tanto todo el material empleado en dicha operación debe de ser añadido del centro hacia los lados (figs.40 y 45). Se trata de una técnica de ejecución rápida que hemos detectado en la realización de las antefijas y en la mayoría de las figuritas.

Las terracotas arquitectónicas se sabe que fueron estampilladas, porque todas ellas muestran las huellas de los dedos en su cara posterior al presionar la masa arcillosa sobre el molde y por el grosor de sus paredes que se asemejan a los de la teja de la que forma parte. En las figuritas realizadas con un sólo molde las características son similares a las anteriores.

Las que fueron fabricadas con moldes múltiples (dos o más) muestran en su interior el arrastre de los dedos y las rebabas sobrantes de la barbotina empleada en muchos casos para unir las valvas (figs.42 a 44).

Aún está por confirmar si algunos de los ejemplares más relevantes, de los que aún no hemos encontrado ejemplos en nuestro país, pudieron haber sido realizados con una colada de barbotina (fig14). En opinión de algunos autores (Vertet, 1976, 22), los coroplastas romanos a pesar de conocer esta técnica no la emplearon, pero no explican por qué motivo, ya que dicha técnica, aunque conlleva algunos problemas a la hora de desarrollarla óptimamente, una vez subsanados ofrece muy buenos resultados y una gran calidad artística.

Para Vertet (1983, 22), los alfareros gallo romanos no emplearon la colada de barbotina por los problemas que ello representaba y en su opinión esta técnica no se extiende en Francia hasta el s.XVIII, con la llegada de la porcelana.

Es bien sabido que en la reproducción por medio de la colada de barbotina se utiliza una arcilla fina suspendida en agua, hasta obtener la consistencia de una crema que luego se vierte en el molde en capas sucesivas. Ahora bien, aunque el empleo de esta técnica permite una perfecta reproducción del molde, tiene las desventajas siguientes: Primero es necesario tener en cuenta los desfluoculadores, es decir la solución alcalina (silicato y carbonato de sodio, aproximadamente a partes iguales) que añadida a la masa arcillosa en pequeñísimos porcentajes la vuelve fluida sin necesidad de añadir más agua. A la vez favorece la suspensión de sus partículas impidiendo la sedimentación, con lo que se obtienen piezas de paredes uniformes delgadas y compactas.

Sin la intervención de los desfloculadores, la barbotina debería contener demasiada agua, con lo que las piezas encogerían excesivamente al secarse y no quedarían tan compactas, lo que produciría posibles roturas en el momento de la cocción. Por otra parte al disminuir la suspensión o viscosidad de la barbotina debido a la no presencia del desfloculador, la pasta arcillosa se depositaría en la base del molde, con lo que el fondo de las piezas resultaría más grueso que las paredes y esta diferencia las haría más quebradizas (Fernández Chiti, 1985, 91).

Nuestra opinión, es que aunque pudiera darse el caso de que los coroplastas romanos no conocieran exactamente qué elementos ejercían como desfloculadores, y por consiguiente les fuera difícil la preparación de la barbotina en la que se harían innumerables grumos y burbujas de aire que luego repercutirían en el acabado final de la pieza, haciéndola quebradiza y poco uniforme (fig.15). Parece extraño creer que no hubieran tenido la oportunidad de mezclar diversas arcillas entre sí, hasta obtener una masa en la que dichas partículas entraran de modo natural, como ocurría cuando se quería obtener una masa menos plástica y se le añadían desgrasantes, raro era que se introdujera el cuarzo en estado puro en la solución arcillosa, lo propio era la mezcla con arcillas ricas en cuarzos hasta obtener la masa deseada.

En definitiva, el uso del estampillado para la reproducción de las terracotas fue la técnica más difundida por su rapidez y simplicidad, mientras que la barbotina si se utilizó, fue ocasionalmente, ya que requería más tiempo de preparación y su técnica es más compleja que la del estampillado.

2.4.- RETOQUE DE JUNTAS, RETEXTURADO Y UNIÓN DE PIEZAS

Una vez extraída la pieza del molde se deja secar y cuando se encuentra a la dureza del cuero se procede al retoque de juntas, retexturado (fig.21) y unión de las diferentes piezas (fig.22). Se ha observado en el empleo de los moldes múltiples, que las figuritas precisaban un retoque de juntas para disimular las rebabas propias de la unión de las valvas (fig.48). Además en este tipo de objetos es frecuente que se realice un retexturado de la superficie (fig.47), lo que consiste en retocar los detalles que no hayan salido con precisión o se hayan perdido durante el proceso de desmoldeado. A veces se aplica un acabado concreto (rayado, punteado y otros) a determinadas partes de la terracota (cabello, vestimenta, etc.), mejorando así su calidad artística.

En las terracotas arquitectónicas se aprecia el retexturado en casos muy específicos (Ramos, 1996, 50), no siendo una labor habitual de su manufactura. Ahora bien lo que normalmente se hace en las antefijas es alisar su cara posterior por medio de los dedos o una espátula, al objeto de poder unir la teja por este lugar.

Tras el retoque de juntas y el retexturado, se procede a la unión de las piezas añadidas, tratamiento que se efectúa de la siguiente manera: una vez rayadas (por medio de espátulas, punzones, gradinas, etc.)(figs. 70 y 71) o digitadas las zonas de contacto (figs. 72 y 73), se procede a crear una barbotina que sirve de adherente y que se aplica directamente sobre éstas (fig.22), luego simplemente se juntan las partes a unir. En el caso de la cohesión de piezas más pesadas, además de lo descrito se emplea un rollo de arcilla que sirve de ligamento y refuerzo. En el caso de las antefijas éste se coloca por encima y por debajo de la unión del ímbrice (fig.68) (Ramos, 1993, 440).

2.5.- SECADO AL AIRE

Antes de cocer las terracotas es preciso que estas permanezcan expuestas al aire para que se sequen previamente. Para ello es necesario que las piezas permanezcan primero secándose en el molde el tiempo preciso para que la arcilla deshidratada pueda extraerse fácilmente sin sufrir deformaciones. Es conveniente que se encuentren en un lugar bien aireado y sombreado para evitar la acción directa del sol, lo que puede precipitar un secado poco homogéneo en el que se endurezcan las capas superficiales, dejando tiernas las más profundas.

El tratamiento de secado debe ser muy lento, especialmente en la primera fase, pues la cantidad de agua contenida en la pieza es aún excesiva y si se hace demasiado rápido existe el riesgo de distorsiones, roturas y la separación de las partes añadidas.

Una vez desmoldeada la pieza habrá de depositarse sobre una superficie elástica que le permita un secado gradual, lo que evitara roturas y resquebrajamientos innecesarios. Por ello es conveniente dejar secar las piezas sobre un lienzo de tela, una madera o cualquier otra superficie dinámica que permita ligeras oscilaciones de la masa arcillosa en su pérdida gradual de agua.

2.6.- COCCIÓN

El proceso de cocción en las terracotas analizadas consta de dos horneados sucesivos, el primero realizado a una temperatura inferior a los 1150° C (Ramos, Vigil y García, 1990, 127), en el caso de las terracotas arquitectónicas y 1100° C en el de las figuritas de terracota. En esta cochura se ceramiza la pieza y se sueldan las partes añadidas, bien fueran los ímbrices en el caso de las antefijas (fig.76), bien la cabeza, brazos, u otros complementos (alas, coronas, palmas, etc.), en el caso de las figuritas.

La segunda cochura, consiste básicamente en una cocción a menor temperatura que se realiza después de haber aplicado el fondo sobre las terracotas, además de los pigmentos minerales, en el caso de las figuritas. En esta cocción no se sobrepasan los 950° C, a partir de la cual se destruyen los carbonatos.

Los análisis mineralógicos ofrecen unos resultados expresivos en cuanto a las temperaturas a las que fueron cocidas las terracotas, pero no pueden precisar si en vez de una cochura se dieron dos. Ello lo deducimos a partir de nuestros propios análisis experimentales.

Hemos observado que la aplicación del fondo, se da en la mayoría de las terracotas. Por lo tanto probamos en el taller de plástica a aplicar la lechada de cal con la pieza en crudo y cocida. El resultado fue que en crudo la pieza se estropeaba, emborronándose los rasgos, y tiñendo la cal de color castaño, lo que destruye su finalidad, que es la de dar color blanco a la superficie de la pieza para hacer resaltar los colores que posteriormente se aplican. Por el contrario la terracota cocida, admite perfectamente la lechada de cal (fig.78). Entonces por qué se volvía a hornear la pieza tras la aplicación del fondo. Conocemos por los análisis químicos que hay óxido de plomo en su composición (García, Vigil, Ramos, 1992, 435-439). Este elemento sirve de fundente, para hacer ligar la cal a la terracota por medio del calor y de ahí la necesidad de dar dos cohuras a estas piezas, pués sino, que sentido tendría la presencia de este óxido. Nos parece que haberlo utilizado simplemente para acentuar el color blanco de la cal sería un esfuerzo innecesario.

Otra de las experiencias realizadas consistió en dar la lechada de cal sin el óxido de plomo y cocer la terracota, el resultado fue que la cal no se fijó a la misma. Sin embargo los otros dos experimentos, en los que se coció la cal mezclada con el óxido de plomo, mostraron que ésta se adhería a la terracota; mejor en el caso en que se puso una mayor proporción de óxido que en el que se añadió menos (fig.79).

2.7.- APLICACIÓN DEL FONDO

La aplicación del fondo sirve para cubrir los poros de la arcilla aclarando el color de la misma, de esta forma se prepara la pieza para su posterior coloración y además se obtiene una superficie dura e impermeable. Todas las terracotas iban policromadas y para que el color resultase más vivo era necesario que el fondo fuera lo más claro posible, por eso el tono blanco es el ideal.

Hemos detectado en las terracotas que el material empleado como fondo, es una base de cal con óxido de plomo que acentúa el color blanco de ésta y sirve de adherente para que la capa de cal se fije a la pieza una vez horneada (fig.79). Los alfareros actuales denominan a este tipo de fondo: celuza o albayalde. Se aplicaba con un pincel o sumergiendo la pieza, si no era muy grande, en una cubeta con cal (figs.16 y 23).

En otras terracotas, la mayoría figuritas, donde el color de la arcilla era de un ocre claro hasta el blanco, no se aplicó el fondo. Y en ocasiones se detectó el empleo de la barbotina como engobe que recubría la pieza para darle un tono más claro (Ramos, 1996, 55). Hay que destacar que si no se utilizó como fondo la lechada de cal, es muy probable que las terracotas tan sólo recibieran una cochura.

2.8.- POLICROMADO

La policromía constituía el toque final previo a la comercialización de las terracotas. Esta consiste en colorear las superficies empleando una serie de colores específicos para cada caso. Por ejemplo, las antefijas de época tardorrepublicana y primera época imperial del Museo del Anticuario en Roma, están caracterizadas por mostrar un amplio repertorio de color: fondos azul claro, rojos o verdes con motivos decorativos pintados en amarillo-ocre, rojo violeta y azul oscuro (Anselmino 1977, 9). En Hispania contamos con pocos ejemplos de piezas que hayan conservado su coloración, y algunos de ellos proceden de Mérida (figs.50 y 51).

Parece ser que el procedimiento empleado en la fijación de los colores, en el caso de las antefijas, de las que a penas si quedan ejemplares con restos de coloración, podría ser la técnica del encausto resistente a la intemperie que consiste en amasar los colores con cera líquida, la otra técnica empleada por los romanos y en la que no intervenía el horneado posterior de la pieza, era la tempera en la que los colores se mezclan con agua, pero evidentemente se trata de un procedimiento más perecedera y nos resulta extraño que se hubiera empleado para estos elementos constructivos. Sin embargo en las figuritas de terracota, parece que en muchos casos se emplearon colores cerámicos, es decir óxidos metálicos mezclados con fundentes que luego se sometían a una cocción para quedar fijados a la superficie de la arcilla, (fig.17).

MANUFACTURA DE LAS FIGURITAS DE TERRACOTA.

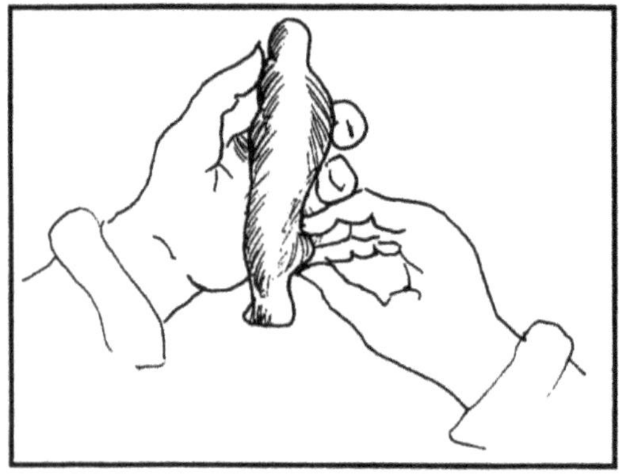

Fig. 8 .- Arquetipo de arcilla modelado al pellizco

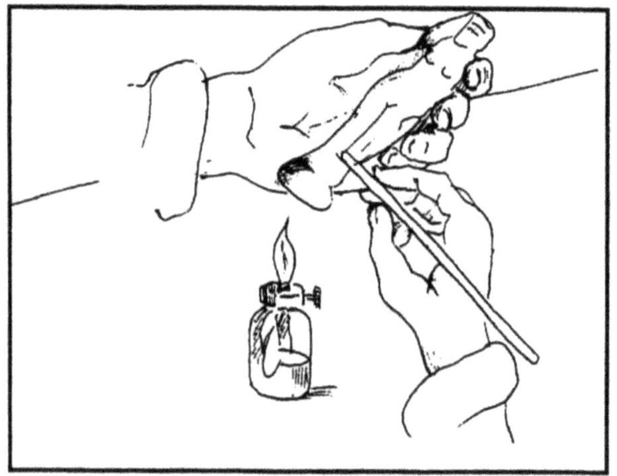

Fig. 9.- Realizacion del arquetipo de cera.

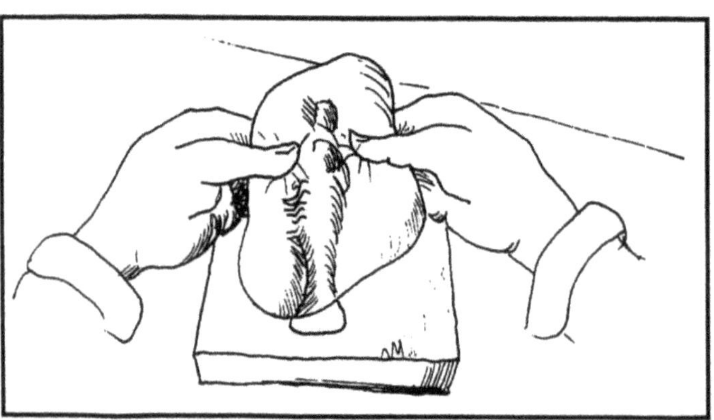

Fig. 10.- Creación de un molde univalbo de arcilla.

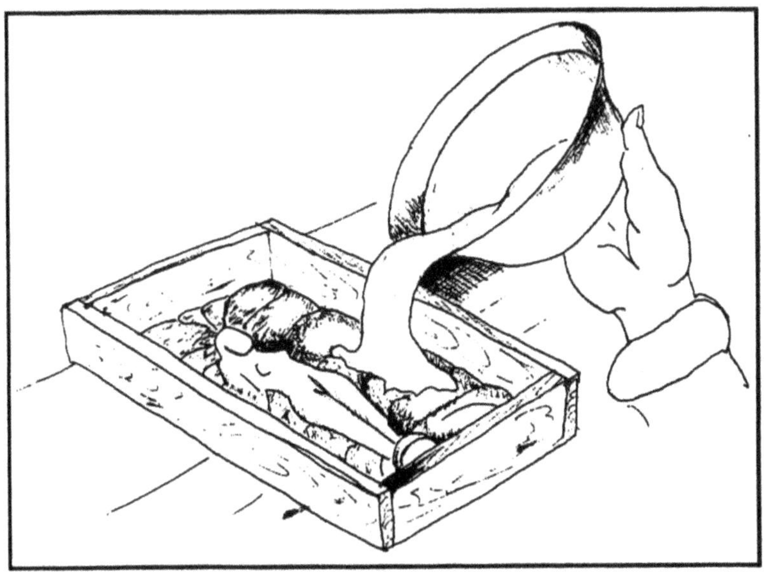

Fig. 11.- Creación de un molde univalvo de escayola.

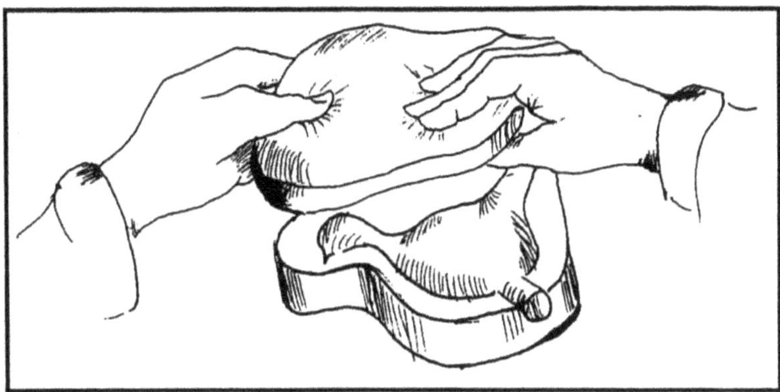

Fig. 12.-Proceso de estampillado en molde univalvo.

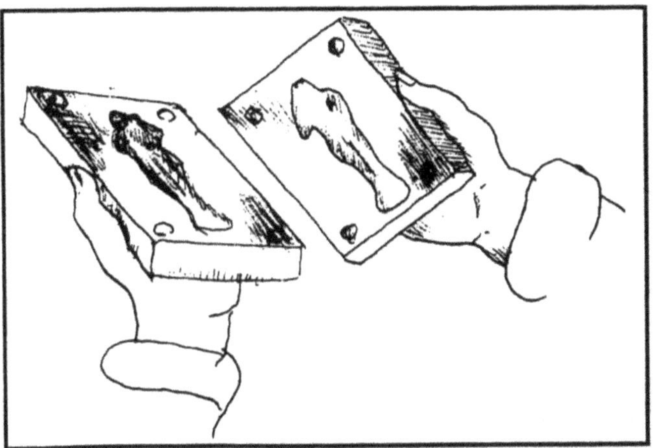

Fig. 13.-Proceso de estampillado en molde bivalvo.

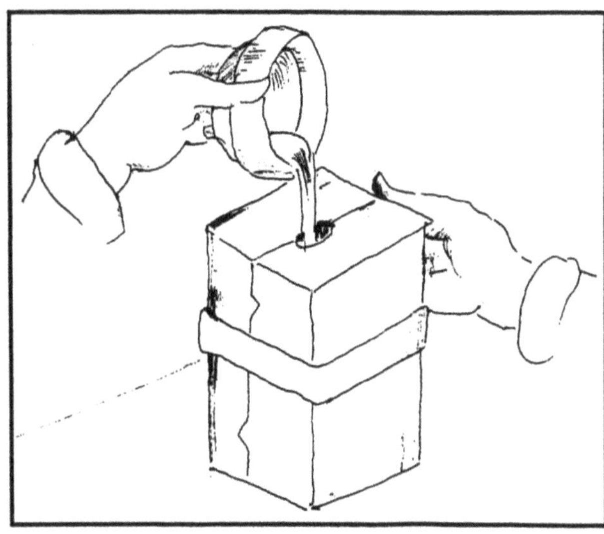

Fig. 14.- Reprodución en molde bivalvo de escayola, mediante la técnica de la barbotina.

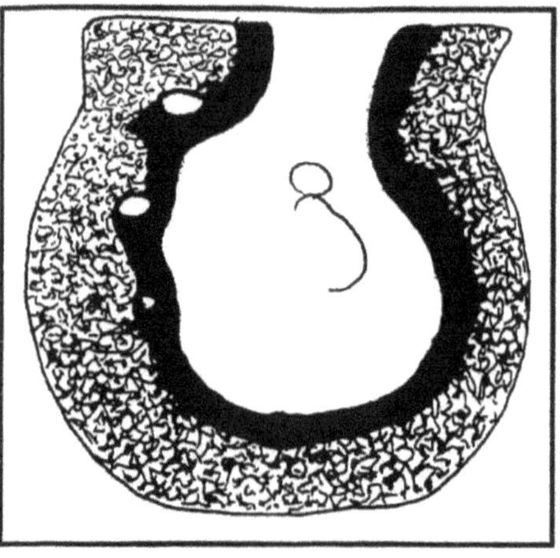

Fig. 15.- Sección de la cabeza de una figurita de terracota en la que se muestran las zonas más proclives a la presencia de burbujas, cuando se emplea la técnica de la barbotina.

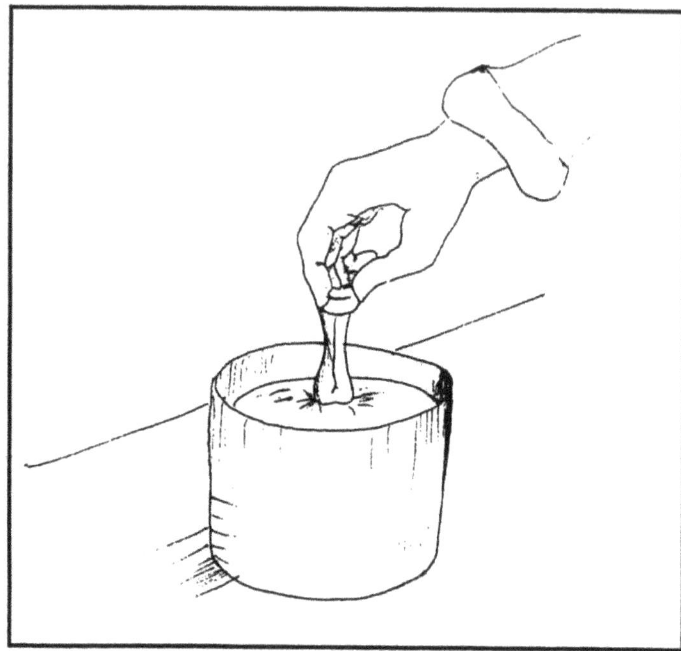

Fig. 16.- Aplicación del fondo, sumergiendo a la figurita en una lechada de cal.

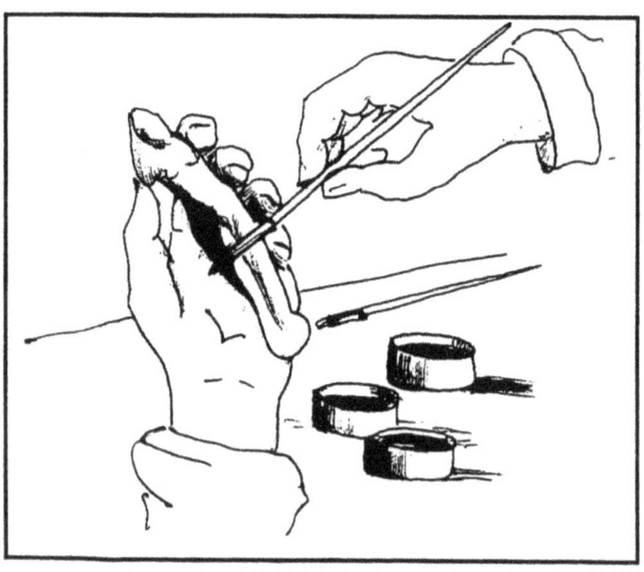

Fig. 17.- Aplicación de la policromia

MANUFACTURA DE TERRACOTAS ARQUITECTÓNICAS

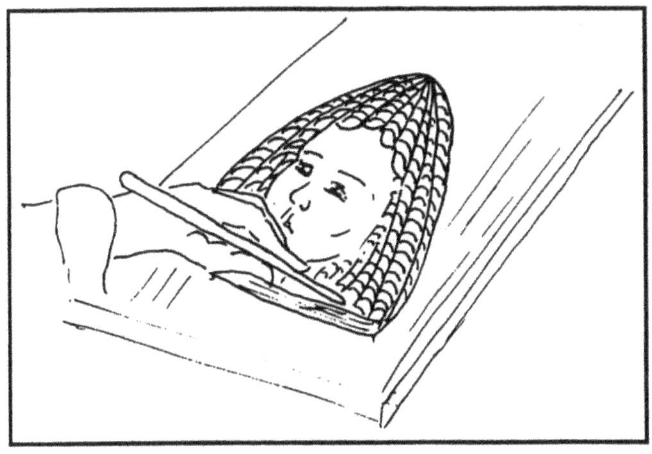

Fig. 18.- Elaboración de un arquetipo en arcilla.

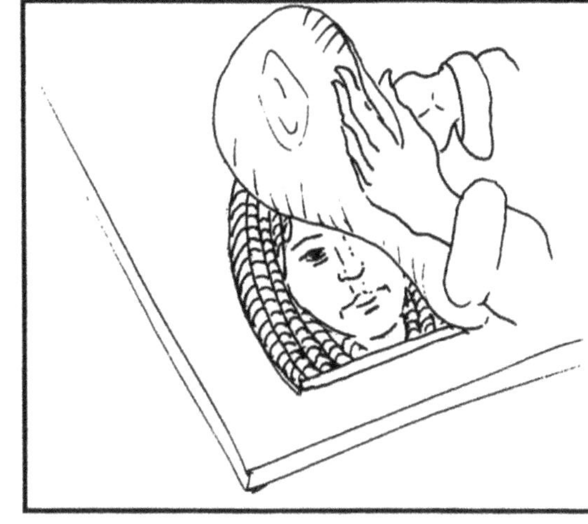

Fig. 19.- Creación de un molde cerámico.

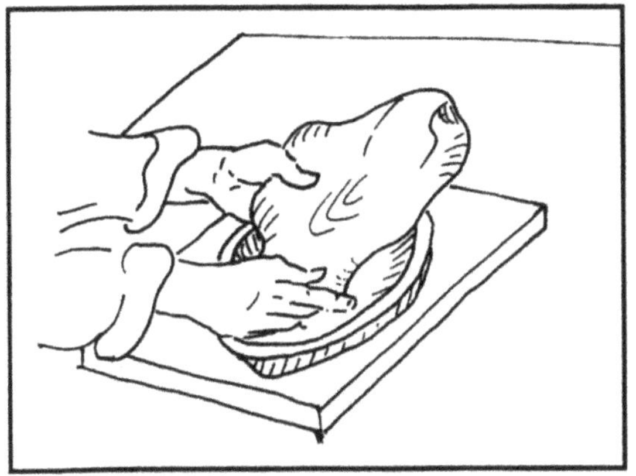

Fig. 20.- Reproducción por estampillado.

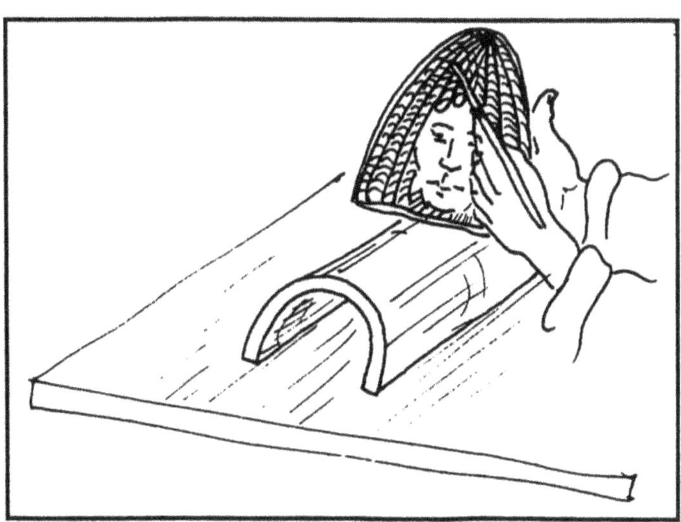

Fig. 21.- Retexturado de la placa de la antefija.

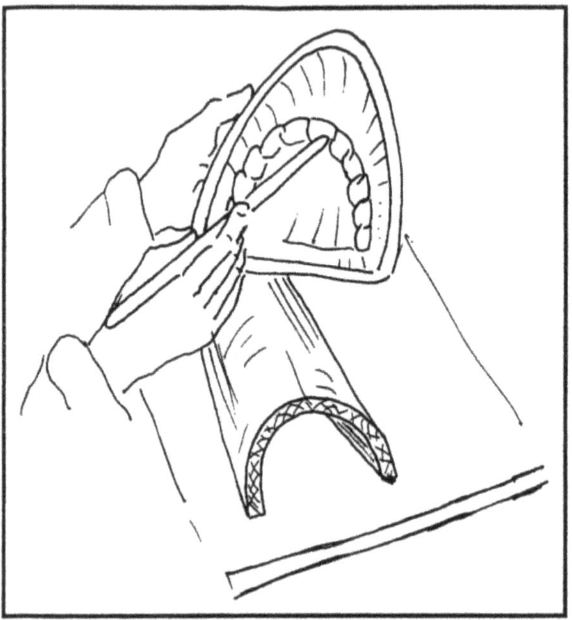

Fig. 22.- Preparación del reverso de la placa de la antefija mediante una superficie rugosa (espatulada), a la que se le dará una crema de barbotina para unirle el imbrice.

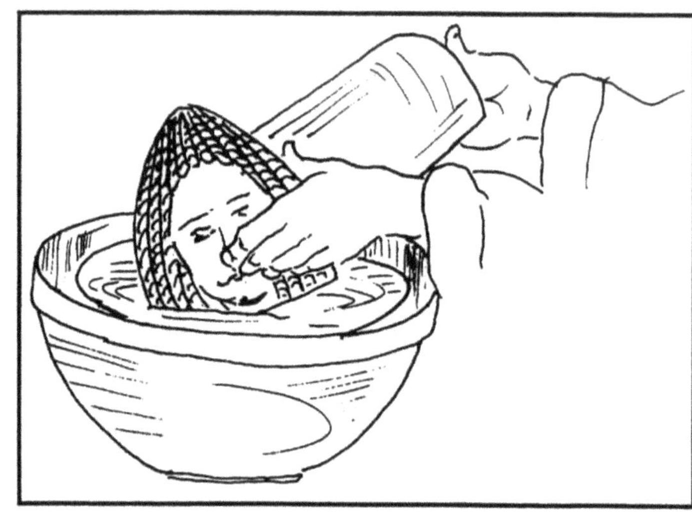

Fig. 23.- Aplicación del fondo mediante un baño de cal por inmersión.

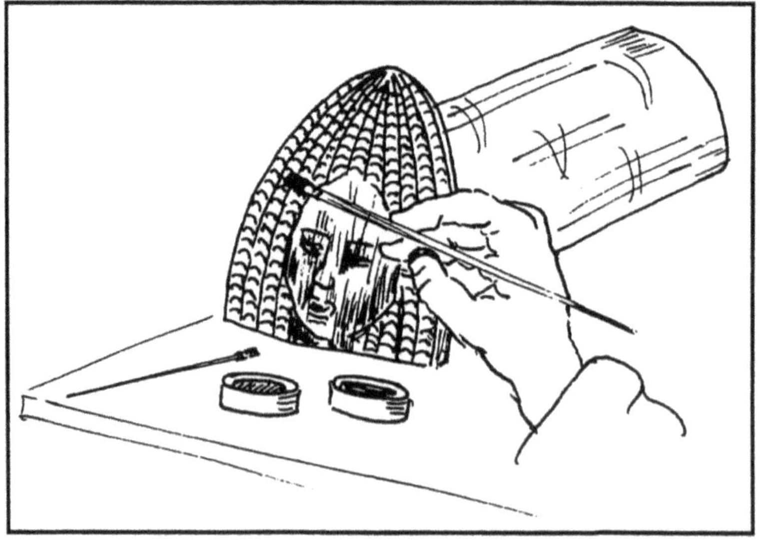

Fig. 24 .- Aplicación de la policromía.

3.- *FIGURITAS DE TERRACOTA*

Las figuritas de terracota tienen un proceso de fabricación más complejo que las arquitectónicas. Por lo común fueron realizadas a molde, aunque existen diversos ejemplos de su modelado a mano, tal es el caso de algunos ejemplos procedentes de Mérida (Fig.25). Generalmente se empleo un molde múltiple de dos valvas (fig.34), pero también los hay de una sola, o hasta de seis o más valvas diferentes dependiendo de la complejidad de la pieza, ejemplos de estos moldes múltiples no hemos localizado ninguno en la zona objeto de estudio.

3.1.- FABRICACIÓN A MANO

3.1.1.- MODELADO AL PELLIZCO

A.- Descripción de la técnica

Una vez amasada la peya de barro para que sea homogénea y no contenga vacuolas de aire en su interior, que luego darían lugar a probables fisuras o roturas de la pieza durante la cocción. Se modela la figurita con pequeños trozos de arcilla que son tomados de la peya a base de irla pellizcando. La técnica es rápida y los detalles en estas piezas suelen estar poco marcados, siendo más bien sugeridos.

B.- Problemas que plantea

Los propios de una ejecución rápida, es decir que la pieza pueda romperse en el transcurso de su elaboración o durante la cocción, debido principalmente a no haberla realizado lo suficientemente sólida.

C.- Materiales empleados

Esencialmente las manos, es muy raro que además se hayan utilizado palillos para perfilar algún detalle.

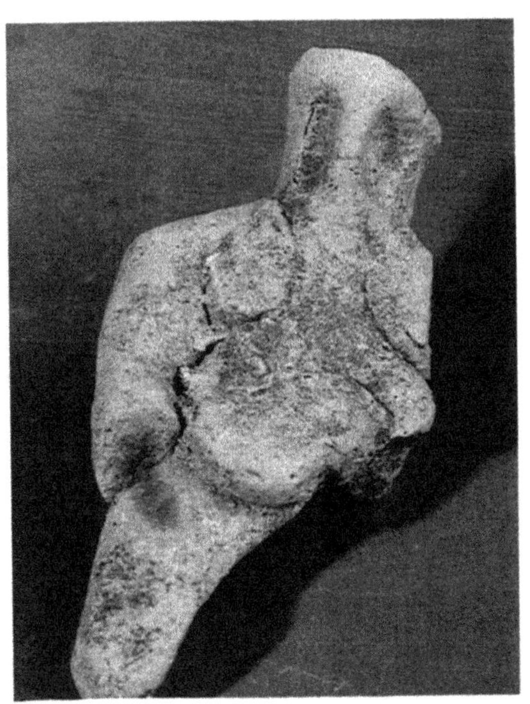

D.- Criterios de identificación

- En primer lugar su simplicidad, tanto en los rasgos fisionómicos como en la ejecución del resto del cuerpo, suelen ser figuritas elaboradas con rapidez y espontaneidad.

- A menudo se observa la impresión de las huellas dactilares sobre la pieza, debido a una manipulación básicamente manual.

- Observando las figuritas se ven zonas poco trabajadas en las que son frecuentes las llaves que impedirían la realización de un molde. Ya que en dichas zonas la masa empleada para la fabricación del molde, ya fuera de arcilla o escayola, se quedaría trabada.

- Las piezas suelen ser compactas, no estando huecas en su interior.

Fig.25.- Figurita de terracota procedente de Mérida elaborada manualmente con la técnica del pellizco. En esta pieza se observa cómo la zona de los ojos ha sido realizada mediante la presión de los dedos índice y pulgar. Los brazos han sido añadidos posteriormente al cuerpo superponiéndolos a la altura de los hombros, por medio de la prolongación de los mismos, lo que resulta claramente visible.

3.2.- FABRICACIÓN CON MOLDE

3.2.1.- ELABORACIÓN DEL ARQUETIPO DE ARCILLA

A.- Descripción de la técnica

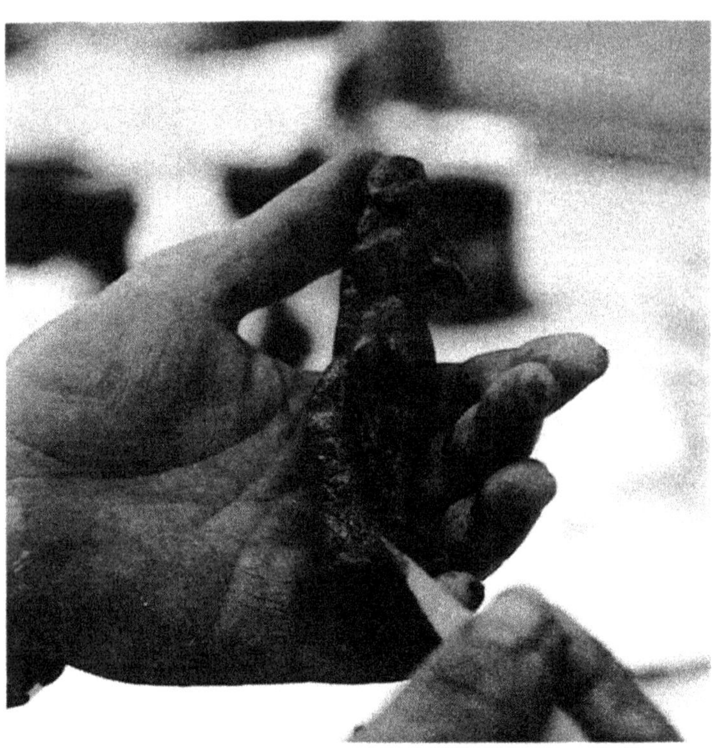

Fig. 26.- Acabado final en la elaboración de un arquetipo de arcilla. El momento que recoge la fotografía es la del retexturado de la figurita, mediante un punzón de madera.

Previamente amasada la arcilla para que sea homogénea y plástica, se prepara la peya que ha de trabajarse al pellizco hasta aproximarla al boceto, es decir sustrallendo o añadiendo pegotes de arcilla en pequeñas cantidades que se adhieren a una estructura en madera o metálica, lo que dará solidez al conjunto. Finalmente la pieza se modela para lo que será necesario mantenerla con una humedad apropiada, pero lo suficientemente rígida para que no se deshaga en las manos al trabajarla. Es lo que los ceramistas llaman a la dureza del cuero. Los detalles finales se realizan cuando la terracota esta algo más dura que el cuero, al objeto de poder perfilar, puntear o retocar sin arrastrar toda la masa de barro.

B.- Problemas que plantea

Para piezas de tamaño inferior a los 10 cm. no es posible utilizar esta técnica por lo deleznable del material. Es necesario crear una estructura interna para evitar que se desmorone la masa arcillosa al contacto con nuestros dedos.

C.- Materiales empleados

- Las manos

- Diferentes palillos. Espátulas: planas, redondeadas, curvas, cóncavas y convexas (para alisar y detallar). Gradinas, para rallar y envolver volúmenes. Trépanos, para vaciar. Punzones, para detalles pequeños y líneas concisas. Además todos estos palillos pueden dar al acabado final de la pieza diversas texturas.

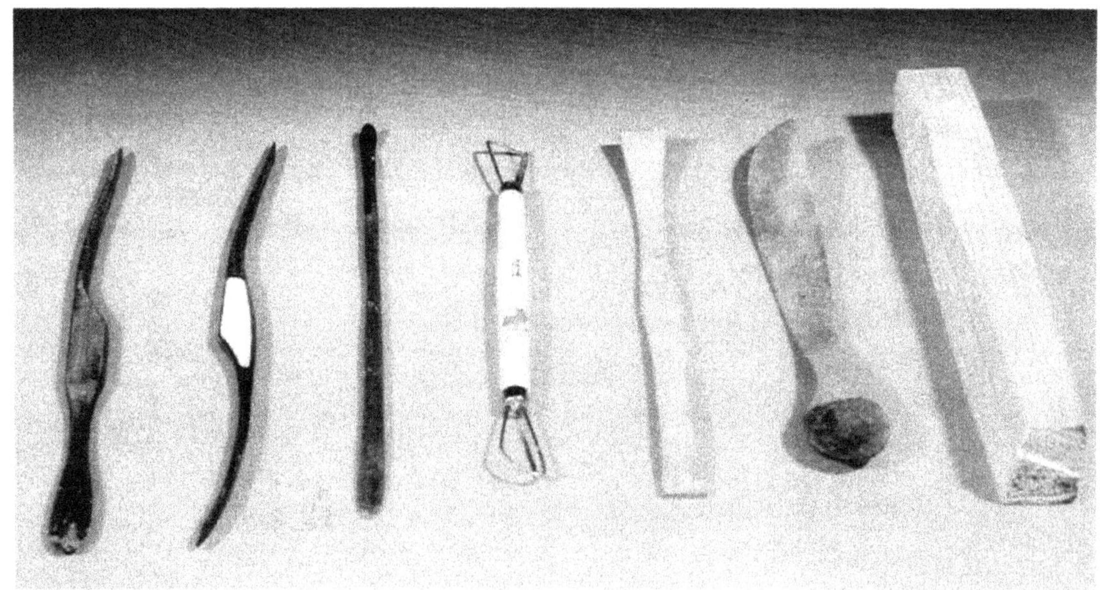

Fig.27.- Diversos palillos empleados en la manufactura de las terracotas, especialmente en su retexturado. De izquierda a derecha: dos espátulas de diversos grosores, espátula con punzón en la parte superior, vaciador, gradina, cuchillo y listoncillo de madera, utilizado para retirar la masa sobrante del molde univalvo.

D.- Criterios de identificación

Es muy difícil que se conserven los arquetipos puesto que los que tenían una armadura interna no podían cocerse, solo se horneaban los que habían sido modelados sin ella, y evidentemente estos no eran los más numerosos.

- Uno de los criterios para identificar el arquetipo es su calidad y tamaño respecto a las copias que salieron de él, pero para eso hemos de contar con una serie de figuritas procedentes de un mismo taller o de talleres cercanos, en los que hubieran empleado el mismo motivo original.

3.2.2.- ELABORACIÓN DEL ARQUETIPO DE CERA

A.- Descripción de la técnica

Lo primero es preparar la cera, para ello ésta se mezcla con un 10% ó un 20% de sebo y óxidos minerales que ejercen de colorantes (negro, con carbón; rojo: con óxido de hierro). Se añade el sebo para hacer plástica la cera, y el colorante para darle un color que haga más fácil su modelado, pues en la cera virgen que es de color blanco lechoso hasta el transparente, los detalles trabajados a penas se ven.

El arquetipo de cera puede preparase de dos formas diferentes en función de la complejidad de su ejecución. Así si se trata de una figurita realizada en un sólo bloque, se van adhiriendo por calentamiento diferentes pegotes de cera hasta conseguir el volumen adecuado.

En todas aquéllas piezas que muestren cierta dificultad de elaboración, caracterizada por diferentes elementos (brazos separados del tronco, piernas abiertas etc.). Lo primero que se hace es calentar la cera virgen al baño María. Luego se prepara el armazón que ha de contemplar las diferentes partes del cuerpo, es decir si la figura tiene los brazos separados del torso éstos deberán prepararse con un alambre. A continuación se realizan una serie de inmersiones hasta conseguir el grosor deseado para el boceto. Estos baños han de ser breves, ya que si se prolongaran demasiado corremos el riesgo de que la cera se funda en lugar de que vaya cubriendo la pieza paulatinamente. Una vez conseguido el boceto se procede a completar la obra añadiendo pequeñas porciones de cera caliente que se fundirán con el soporte principal.

Una vez finalizado el boceto se sumerge la pieza completa en un último baño de cera, para homogeneizar la superficie. Momento a partir del cual se hallará en condiciones de ser modelados los detalles. Para ello habrán de templarse a la llama los diferentes útiles: espátulas, buriles, punzones, etc. y seguidamente sumergir en agua fría la pieza completa, al objeto de evitar que por ablandamiento ésta se deforme en el transcurso de la operación, ya que el calor de las manos puede alterar los detalles añadidos.

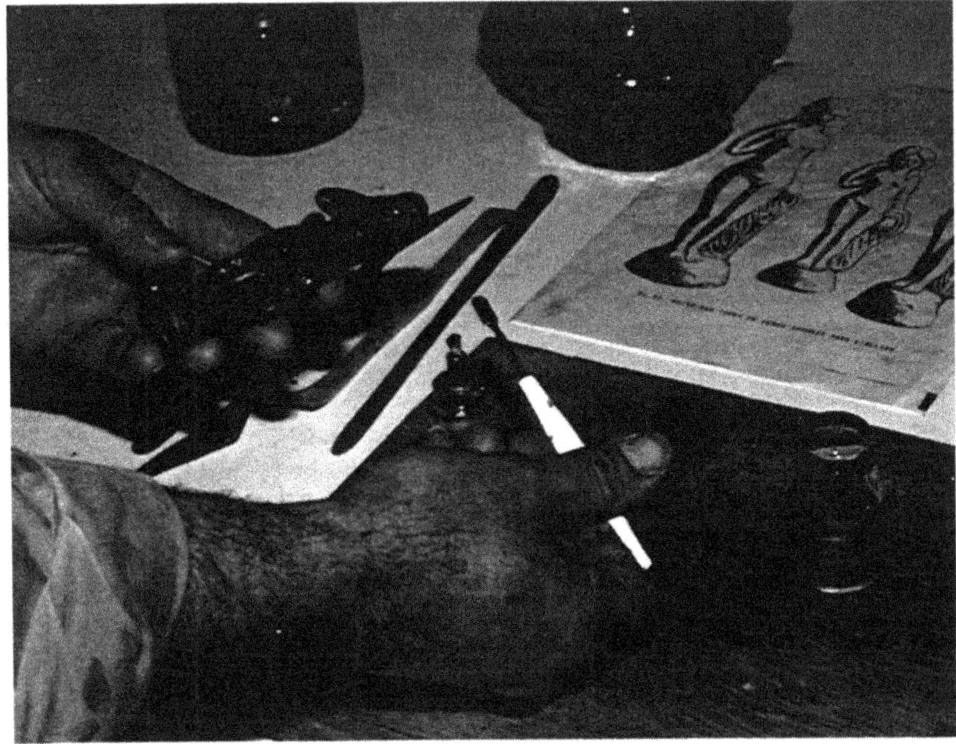

Fig. 28.- Momento en el que se calienta la espátula en el mechero para ultimar los detalles del arquetipo de cera.

B.- Problemas que plantea

-Todos los producidos por un calentamiento y enfriamiento rápidos. En el primer caso la cera se fundirá en lugar de ir añadiéndose poco a poco al boceto. Y en el segundo un enfriamiento rápido con agua, endurece las capas esfoliándolas y haciendo que se pierda su consistencia original.

-El manejo continuado produce calentamiento en la pieza que tiende a deformarse.

-El uso de herramientas inadecuadas puede ocasionar problemas. Los útiles de madera no pueden emplearse, porque al tener un poro muy abierto facilitan la adherencia de la cera sobre ellos, haciendo difícil que luego esta se desprenda y pueda añadirse al boceto. En cuanto al hueso o marfil no pueden exponerse al calor de la llama porque se cuartean.

C.- Materiales empleados

-Cera virgen, sebo y óxidos minerales, para la composición del material originario.

-Una fuente de calor (llama) y una cubeta con agua para el baño de cera caliente.

-Herramientas metálicas, de hueso o de marfil (a condición de que estas últimas no se expongan directamente al calor de una llama porque se cuartean) espátulas, buriles, raspadores, cuchillos y punzones.

-Sebo para untarlo en las manos y que la pieza no se pegue a los dedos.

-Alambres para la armazón de las piezas complicadas.

D.- Criterios de identificación

Para saber si una terracota ha sido diseñada con un arquetipo de cera es necesario que no sobrepase los 8 ó 10 cm. de altura (ya que siendo tan pequeña no se puede trabajar el boceto en arcilla porque es muy difícil hacer los detalles sin que estos se deshagan por el calor de las manos que lo trabajan) y que muestre cierta dificultad de ejecución.

Es decir una terracota de pequeñas dimensiones con los brazos y piernas separados del tronco y alguna torsión de sus miembros, inevitablemente habrá sido realizada con un arquetipo de cera, no así, aquella que solo presente un tamaño inferior a los 10 cm. pero cuya composición se englobe dentro de un mismo bloque.

3.2.3.- COPIA DE UN OBJETO YA EXISTENTE

A.- Descripción de la técnica

Una vez que tenemos en nuestras manos el objeto que deseamos reproducir que puede ser cerámico, de escayola, metálico o pétreo, se impermeabiliza con jabón (grasa más sosa caústica) o diferentes aceites, luego se coloca sobre un lecho de arena de tal manera que sólo sea visible una de sus caras, se vierte escayola alrededor para conseguir un soporte rígido sobre el que estampillar el barro y a continuación se prepara una peya de barro que trabajaremos de forma longitudinal, dejando una amplia superficie de contacto que será la que coloquemos sobre nuestro original. Seguidamente se estampilla la arcilla por presión de los dedos y una vez calcado el original, se deja que cure, es decir hasta que la masa de arcilla se despega sola del soporte.

De esta forma hemos conseguido un molde (véase en vaciado) que deberá ser cocido en el horno para que adquiera mayor consistencia.

El molde también puede hacerse de escayola, para lo que será preciso como en el molde de arcilla, aislar el objeto a copiar mediante un antiadherente de los mencionados.

B.- Problemas que plantea

-En el caso de que la pieza tenga llaves (orificios nasales, orejas separadas de la cabeza, barbilla prominente, rizos en el pelo, etc.), hay que eliminarlas, rellenándolas con arcilla o cera y después retocarlas cuando la pieza haya sido terminada.

-El estampillado ha de realizarse sobre una capa suficientemente gruesa y homogénea de arcilla para evitar que resquebraje durante el secado al aire o se fisure y deforme durante la cocción.

- En cuanto a los problemas con la escayola, los propios de una preparación inadecuada, en la que se concentren numerosas burbujas de aire en el interior de la masa.

C.- Materiales empleados

-Figura de terracota a copiar
-Aceite o jabón para impermeabilizar el original
-Arcilla o escayola para el vaciado

D.- Criterios de identificación

-Sí se conoce el motivo original se apreciara una reducción del mismo. Evidentemente una vez copiado su tamaño disminuye, por lo que se puede saber si son primeras, segundas o terceras copias de un mismo tipo.

-Una pieza de muy buena calidad en la que destacan solo algunos detalles, habiéndose eliminado el resto (llaves) para poder desembestir el molde.

-Si ha sido copiada la pieza directamente de otra sin molde, entonces los detalles saldrán en negativo, en lugar de positivo.

3.2.4.- VACIADO CON MOLDE CERÁMICO

A.- Descripción de la técnica

Se preparan dos valvas de arcilla fresca y se colocan ambas sobre el prototipo, previamente cocido si es de tipo cerámico, si es de cera bastara dejar que se enfríe para que se endurezca. De tal forma que presionando éstas se copie el motivo original. Una vez finalizado dicho proceso, es necesario preparar una de las valvas con machos, es decir protuberancias y otra con hembras o depresiones, de tal modo que encajen ambas para evitar posibles desplazamientos a la hora de reproducir las figuras. Por último el molde se cuece para que mantenga una consistencia adecuada para su uso.

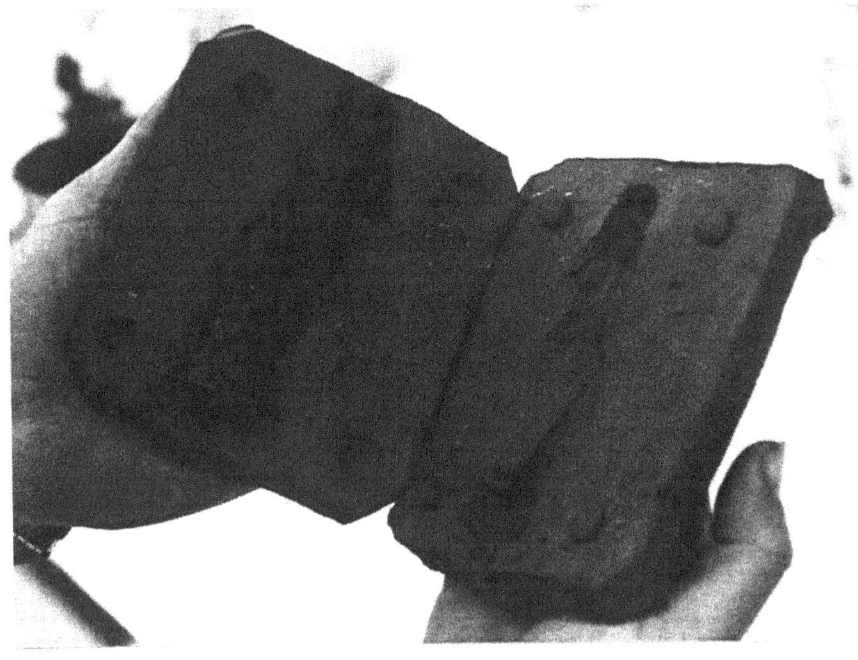

Fig.29.- Prototipo de cera a partir del cual se fabrica un molde bivalvo, mediante la presión de dos láminas de arcilla fresca sobre éste.

B.- Problemas que plantea

El molde es propenso a alabearse durante la cocción si el grosor de las paredes no es homogéneo.

C.- Materiales empleados

- Arcilla

D.- Criterios de identificación

- Las copias realizadas con moldes cerámicos presentan amplias juntas de unión de las valvas (fig.35).

- Además estas copias también pueden presentar desplazamientos del motivo figurado, producidas por la deformación de las valvas durante la cocción.

- Es frecuente apreciar un mayor (fig.37) o menor (fig.3) desgaste del molde a través de la copia, lo que también confirma que dichos elementos fueron fabricados a molde.

3.2.5.- VACIADO CON MOLDE DE ESCAYOLA

A.- Descripción de la técnica

Este se realiza de la siguiente forma. Primero se prepara el arquetipo modelando una pieza con arcilla y dejándola en crudo. A continuación se hace la escayola, para ello se pone agua en un recipiente y luego se va echando escayola en polvo hasta que espese. Durante todo el proceso es necesario batir la masa, para lo que se introduce la mano que apoyada en el fondo del recipiente realiza movimientos oscilatorios de un lado a otro, así se evita que coja demasiado aire, lo que provocaría una sustancia poco homogénea y llena de burbujas. Luego se coloca el arquetipo sobre un lecho de arena que cubra la mitad de la figura, a continuación se vierte la escayola sobre la parte visible, se deja secar y se invierte la figura. Ya no será preciso enterrarla en la arena, se impregnan las juntas existentes con barbotina, al objeto de poder abrir el

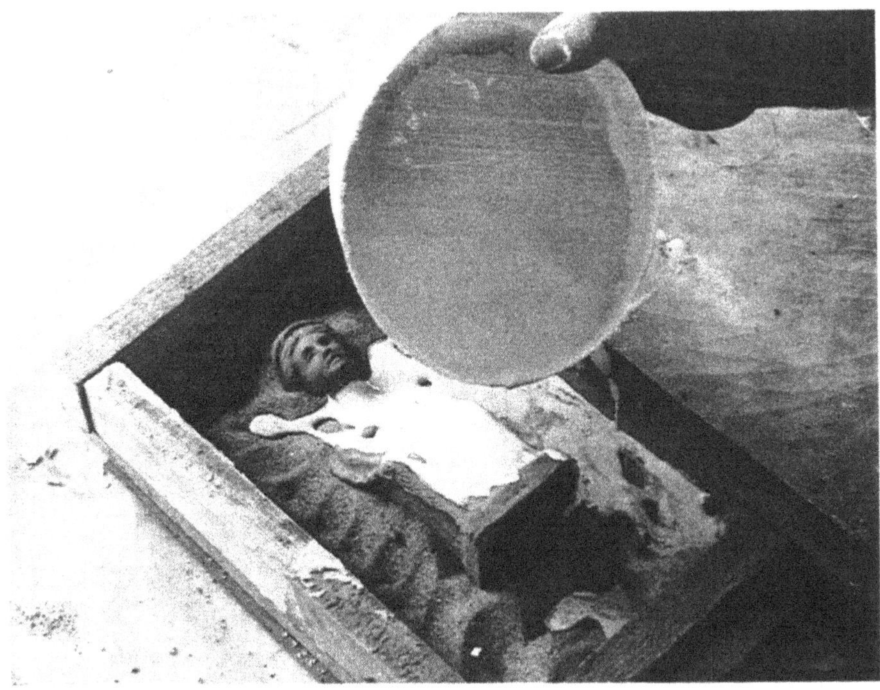

Fig.30.- Momento en el que se procede a la creación de un molde en escayola, a partir de un original en arcilla fresca.

molde en dos valvas evitando que estas se peguen entre si, una vez que halla concluido la operación. Finalmente se deja que fragüe la escayola, antes de separar las dos partes del molde, y se extrae el arquetipo que tiende a romperse o deformarse, por eso esta operación se denomina "a molde perdido".

Puede haber casos especiales en los que la calidad artística de la pieza, que presenta diversos escorzos, tenga que realizarse con más de dos valvas, es lo que se conoce como molde múltiple o molde en piezas. Para lo cual debe realizarse en diferentes partes debido a la complejidad del arquetipo que presenta diferentes llaves, es decir zonas en los que no es posible extraer el molde de una sola vez sin peligro de rotura.

Para llevar a cabo la realización del molde en piezas, primero será preciso crear un prototipo de material rígido, ya fuera madera, piedra o escayola, a partir del cual se realizará aquél. Si se emplea la escayola para el prototipo este podrá sacarse a partir de un segundo molde. La operación consiste en lo siguiente: Primero se modela el arquetipo en arcilla, luego se saca un primer molde en escayola, se vacía su interior y se pierde el modelo original de arcilla, a continuación el molde de escayola obtenido se rellena nuevamente de escayola, para lo cual se aísla mediante aceites, jabones o sosa diluida en agua.

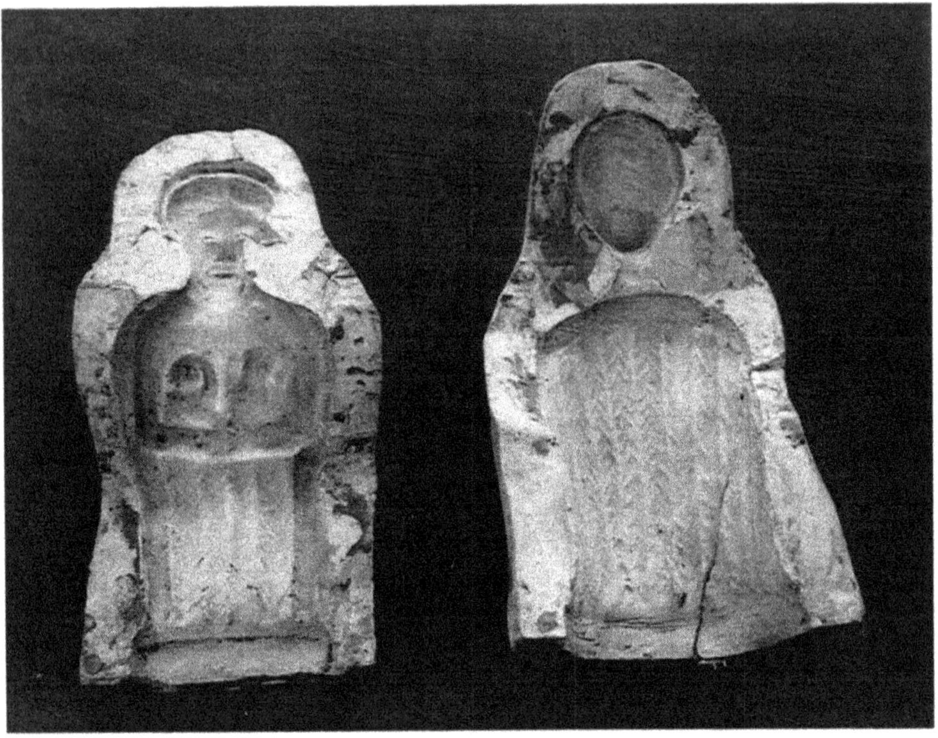

Fig.31.- Resultado del proceso de creación de un molde en escayola bivalvo. este reproduce a una diosa nutricia procedente de la Galia romana.

B.- Problemas que plantea

Si no se prepara de forma adecuada la escayola, esta puede cortarse por un exceso de batido debido al gran número burbujas de aire que se originan en el interior de la masa. También puede estropearse la escayola debido a la suciedad en los recipientes o en las manos del que trabaja.

Otro de los problemas consiste en una extracción poco cuidadosa del arquetipo en la que se empleen útiles de metal que podrían dañar el molde de escayola.

La fragilidad del material origina que deba emplearse con cuidado, evitando así que posibles roturas inutilicen una producción. Por lo que es frecuente que se realice un mayor número de moldes de escayola, que son más vulnerables, que de moldes cerámicos.

En lo que respecta a los antiadherentes utilizados para evitar que se suelden las valvas en el proceso de elaboración del molde multivalvo de escayola, si se emplea el aceite hay que ser rápido durante su uso, ya que la escayola lo embebe rápidamente llegando a las capas internas y dejando sin antiadherencia las capas superficiales, lo que contrarresta su efecto. En el caso de la sosa diluida en agua es un buen antiadherente, pero tiene la dificultad de que debilita la escayola, por lo que sólo puede usarse una vez con el consiguiente peligro de rotura del molde.

C.- Materiales empleados

- Arcilla para realizar el arquetipo.

- Arena que sirve de lecho a la figura modelada en arcilla.

- Escayola para la preparación del molde y del prototipo en el caso de la ejecución de un molde en piezas.

- Recipiente con agua para disolver la escayola.

- Barbotina para sellar las juntas del molde antes de proceder a la realización de la otra valva, evitando que ambas se peguen.

- Aceites, jabones o sosa con agua que sirven de aislantes para recubrir el prototipo de escayola, en el caso de la realización de un molde múltiple.

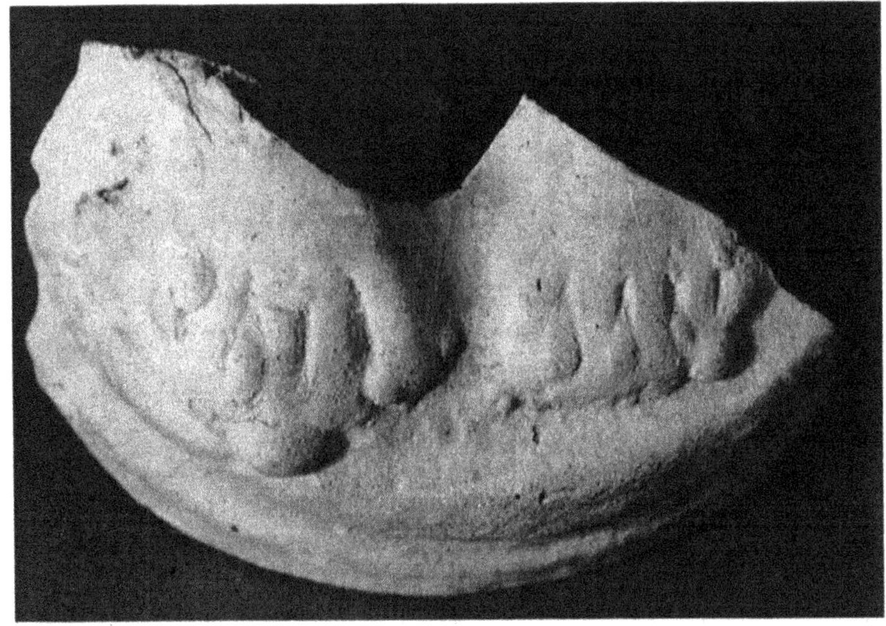

Fig.32.- En la foto se observan pequeñas y grandes perlas sobre los pies de una figurita de terracota que descansa sobre una peana de base redonda. Este es un ejemplo de que el molde que la produjo contenía burbujas de aire. Aunque no se puede asegurar, si se puede pensar que dicha pieza pudo haber sido realizada con un molde de escayola.

D.- Criterios de identificación

- Fidelidad en la reproducción.

- Presencia de pequeñas perlas provocadas por las burbujas resultantes de un molde imperfecto.

- En la unión de las valvas se observa una junta fina, a penas perceptible, y deben estar pegadas al mismo nivel sin el escalonamiento propio del uso de moldes cerámicos.

3.2.6.- MOLDE SIMPLE

A.- Descripción de la técnica

Denominamos molde simple al que se compone de una sola valva. Este se realiza de la siguiente manera, dependiedo de que sea de escayola o cerámico. En el primer caso se modela el arquetipo, y en crudo se entierra en un lecho de arena y se le echa una capa de escayola. Si el molde es cerámico, una vez realizado el prototipo se cuece y después se le aplica, por presión, una loncha de arcilla, que una vez secada al aire se cuece en el horno.

B.- Problemas que plantea

Los propios de cada uno de los materiales empleados.

C.- Materiales empleados

- Arcilla para modelar el arquetipo y realizar el molde en el caso de que este sea de tipo cerámico.

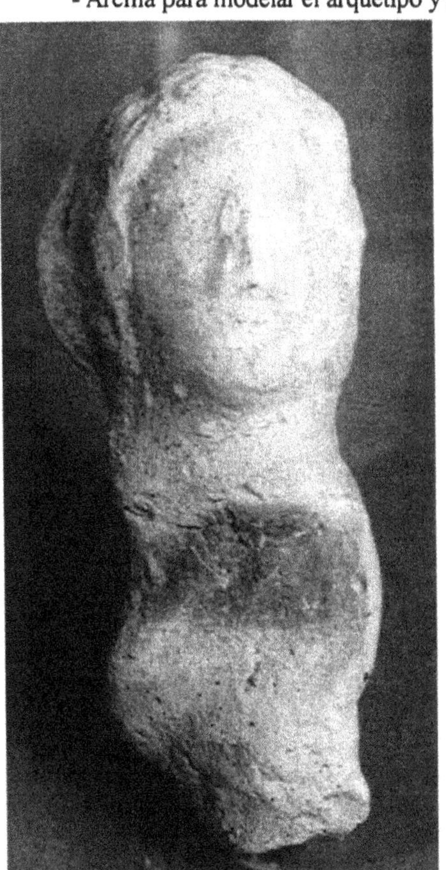

- Escayola disuelta en agua para el molde.

- Lecho de arena para colocar el modelo original.

D.- Criterios de identificación

- Se sabe si la pieza ha sido realizada con un molde simple, cuando la terracota presenta moldeada una sola de sus caras.

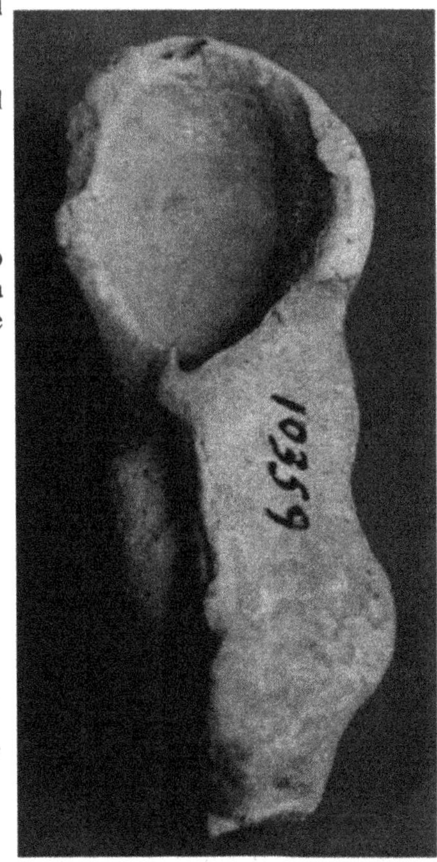

Fig.33.- Anverso y reverso de una figurita procedente de Mérida. En su cara anterior se aprecia el trabajo realizado con un molde univalvo. En su cara posterior se observa el detalle de la huella de un dedo que presionó la arcilla sobre el molde, además se ve el remate de la peya de arcilla que ha sido doblada hacia adentro en su mitad inferior, dejando una línea perpendicular, que no es otra cosa más que el pellizco efectuado para unir ambos lados.

3.2.7.-MOLDE MÚLTIPLE

A.- Descripción de la técnica

Se denomina molde múltiple al que se realiza a partir de dos valvas.

Cuando el molde múltiple consta de dos valvas es posible que se realice con cerámica, pero cuando consta de mas de dos es preciso emplear la escayola, pues esta se ajusta perfectamente y no merma en el proceso de secado, circunstancia que afectaría a la unión posterior de las valvas. Por dicho motivo es prácticamente imposible realizar un molde de más de dos valvas en cerámica, ya que al ser cocida la arcilla es fácil que se alabee, por lo que luego resulta difícil hacer coincidir dichas piezas.

El molde múltiple de cerámica se realiza de la siguiente manera. Primero se hace el arquetipo en arcilla, que una vez listo ha de ser cocido para que no se deforme en el transcurso de su copia y luego se coloca la pieza sobre una cama de arena o similar (ceniza, lapilli o cualquier árido cribado fino). Después se prepara una placa de arcilla bien amasada y se imprime una mitad, bien sea el anverso o el reverso. Obtenida la valva, ésta se deja secar y se procede a imprimir la otra, cara.

El molde múltiple de escayola se elabora de la siguiente manera: primero es preciso crear un prototipo de material rígido, ya sea de madera, piedra o escayola, a partir del cual se realizará aquél. Si se emplea la escayola para el prototipo, este podrá sacarse a partir de un segundo molde. La operación consiste en lo siguiente: Primero se modela el arquetipo en arcilla, luego se saca un primer molde en escayola, se vacía su interior y se pierde el modelo original de arcilla, a continuación el molde de escayola obtenido se rellena nuevamente con escayola, para lo cual se aísla mediante aceites, jabones o sosa diluida en agua.

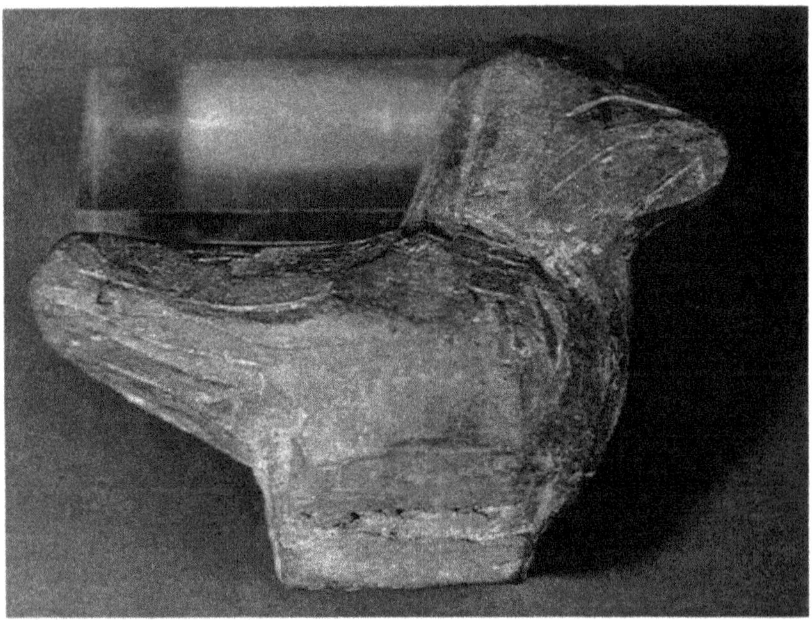

Fig.34.- Anverso y reverso de un molde múltiple bivalvo, en el que se representa la figura de una paloma. Esta pieza procede de Mérida.

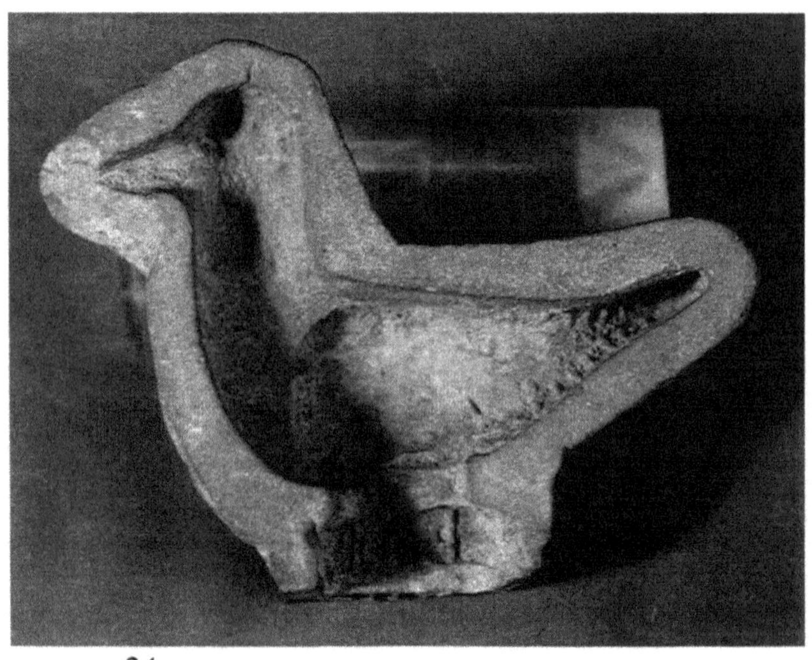

B.- Problemas que plantea

Los propios de cada uno de los materiales empleados.

C.- Materiales empleados

- Arcilla para la elaboración del arquetipo.
- Escayola en polvo diluida en agua, para la realización del molde y del prototipo.
- Antiadherentes: aceite, jabón o sosa diluida en agua, que sirven para la creación del prototipo en escayola.
- Pincel para impregnar la superficie de escayola con el antiadherente elegido.

D.- Criterios de identificación

- Es posible saber si el molde presenta dos valvas porque a veces se observa la unión de las juntas que no han sido retocadas.

- También se sabe si una terracota ha sido realizada con molde múltiple por la factura de la misma, es decir por su complejidad. Ésta puede presentar diversas zonas en escorzo con el plano general de ejecución, lo que provoca excesivas llaves entrantes y salientes que dificultan el desmoldeado de la pieza, haciendo imprescindible el empleo de diversos moldes para su reproducción.

- Es posible saber si el molde de dos valvas es de tipo cerámico o de escayola porque este primero deja una ancha junta de unión de las valvas sobre la copia, además de presentar en algunos casos un ligero escalón debido a que las valvas se han deformado en el transcurso de la cocción y no encajan bien. Por el contrario si el molde es de escayola, sus valvas encajan perfectamente y a penas quedará junta de unión entre ambas, además, si esta ha sido retocada no se verá.

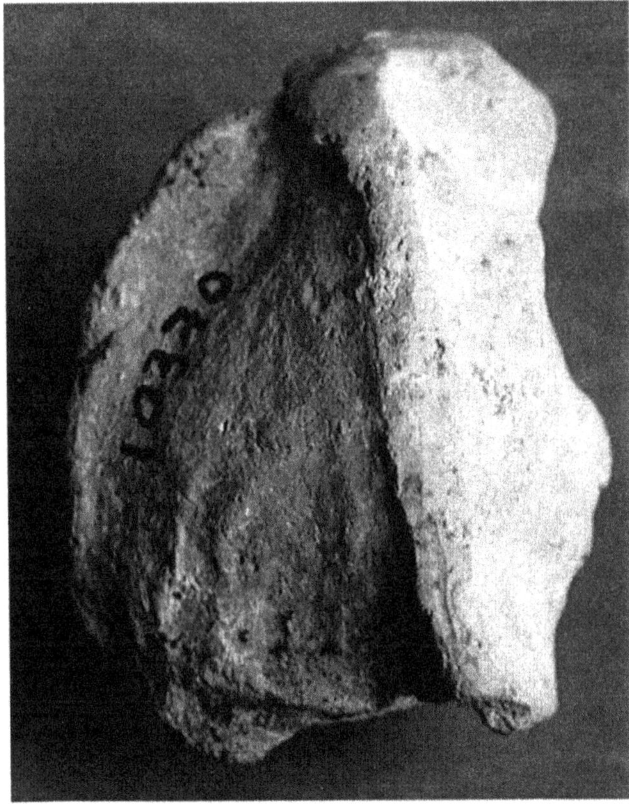

Fig.35.- Cabecita procedente de Mérida realizada con un molde bivalvo de tipo cerámico. Como el molde cerámico se alabeó durante la cocción, luego no es fácil que ambas valvas encajaran bien y por eso dejó una amplia junta en el perfil de la figurita.

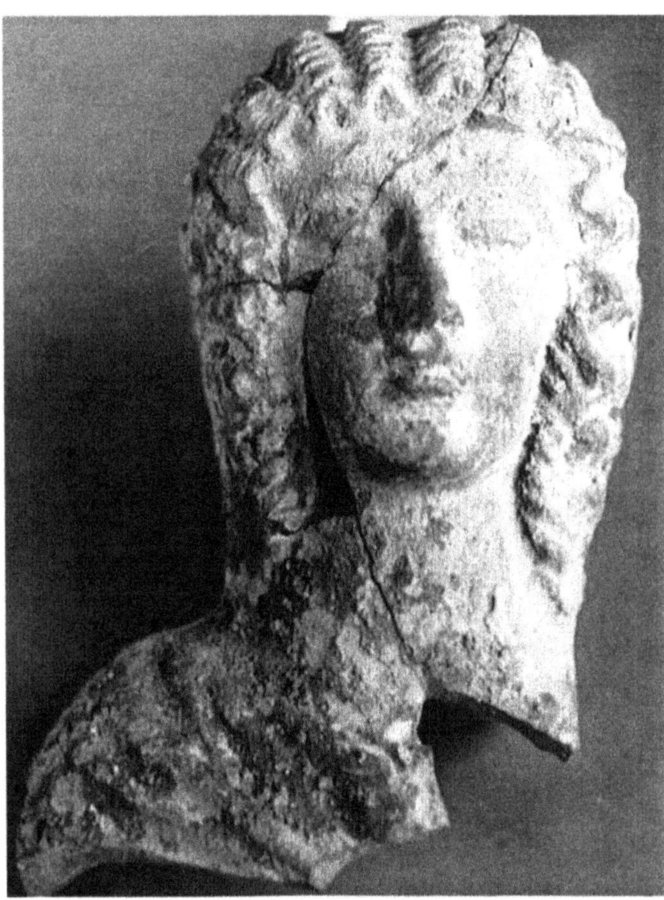

Fig.36.- Busto de una terracota que representa a una dama emeritense. La nitidez de los rasgos demuestra que el molde en el momento de la fabricación de esta pieza, se encontraba en buen uso.

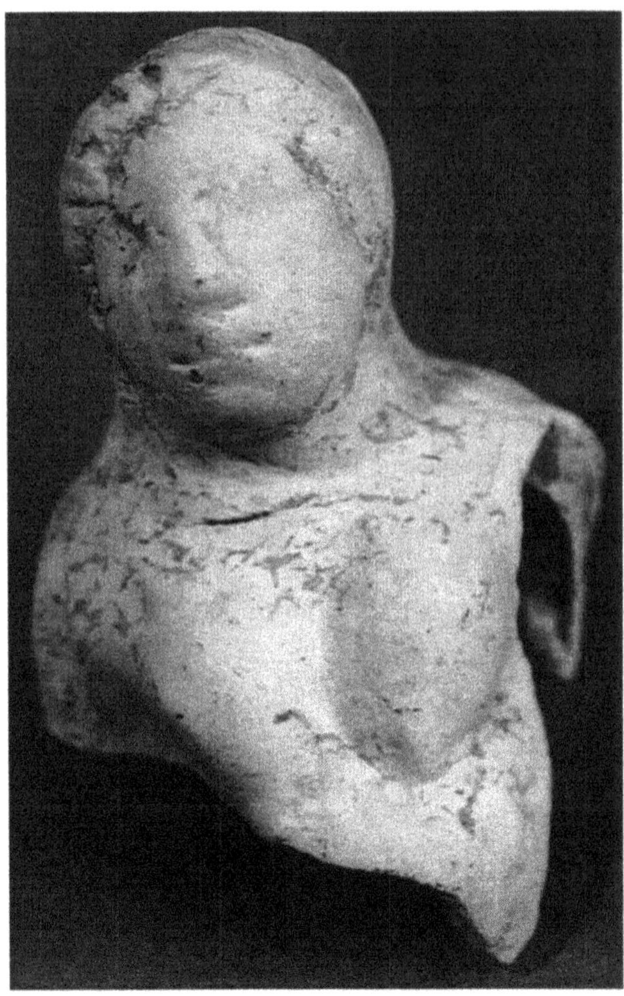

Fig.37.- Busto masculino en el que se aprecia que el molde empleado para su manufactura estaba muy gastado.

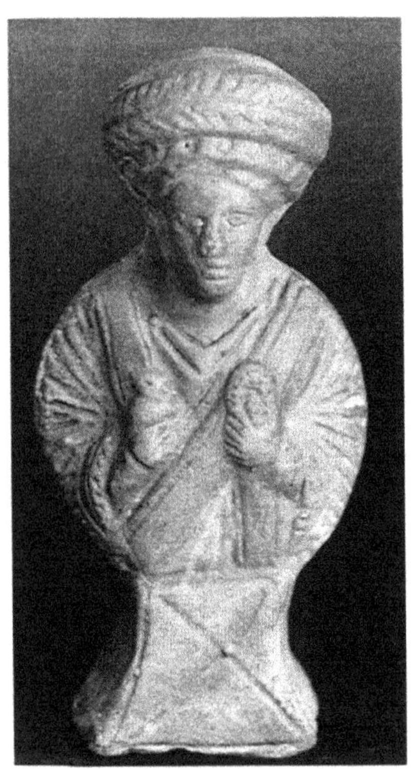

Fig.38.- A la izquierda figura de terracota que posiblemente represente a la diosa de la abundancia, procede de Mérida. A la derecha la misma figura vista de perfil en la que se aprecia que la unión de las valvas luego a sido retocada con una espátula, trabajo mejor realizado en su mitad inferior. La parte superior muestra un pequeño escalón propio de su manufactura con molde cerámico bivalvo.

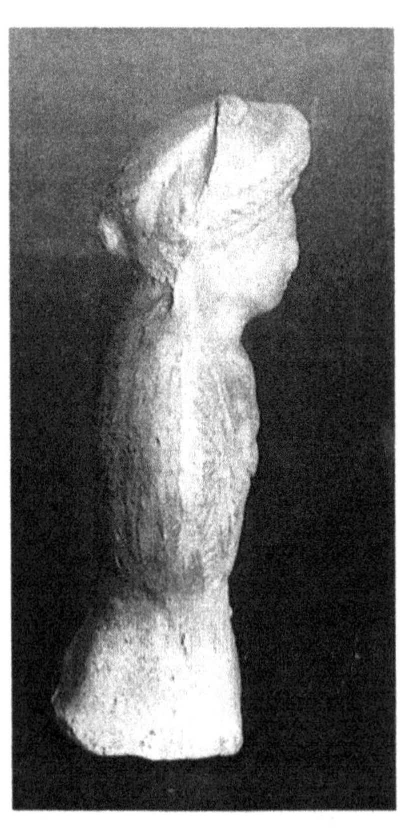

3.2.8.-REPRODUCCIÓN POR ESTAMPILLADO

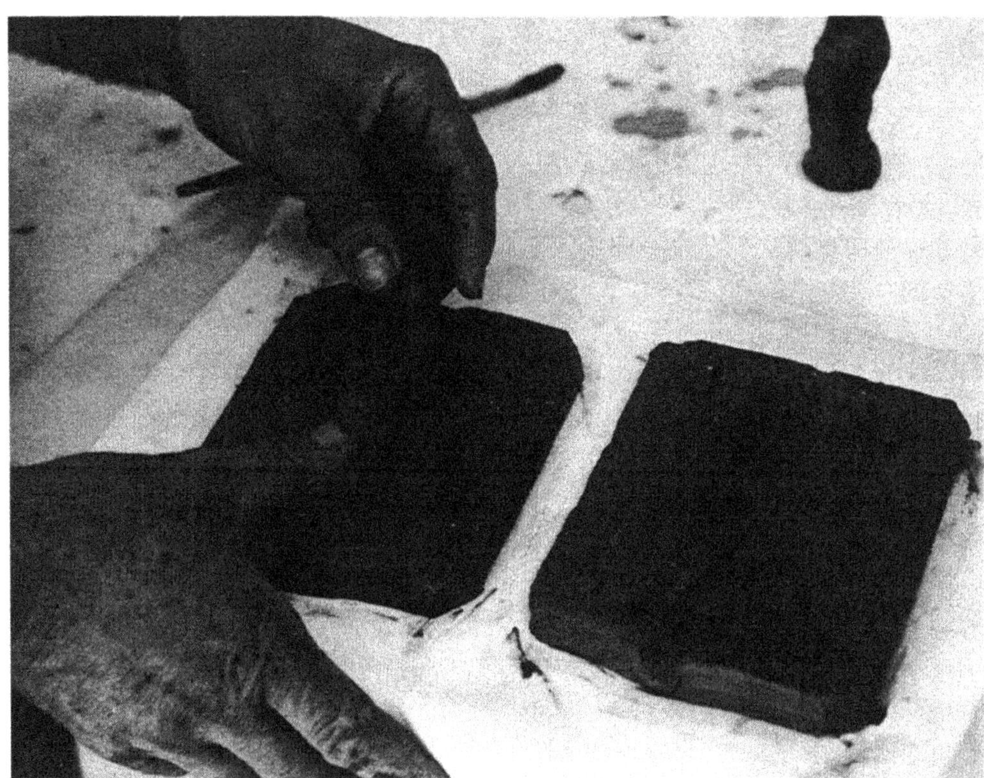

Fig.39.- El proceso de estampillado se efectúa presionando el pegote de arcilla sobre cada una de las valvas.

A.- Descripción de la técnica

Una vez preparada la peya de barro a la dureza del cuero, es decir que la arcilla no se adhiera a las manos pero que esté suficientemente hidratada para ser plástica. Se introduce en una de las valvas presionando con los dedos hacia el interior, hasta que la arcilla sobrante rebose por el contorno, luego ésta será retirada con un cuchillo, utilizando como guía el borde de la valva. A continuación se procede de igual forma con el relleno de la otra valva. Para unir ambos elementos es preciso rayar (por medio de una gradina, espátula o punzón) y humedecer el contorno de ambos o simplemente aplicar una crema de barbotina que sirve de adherente. Seguidamente se presionará una valva sobre la otra, quedando la arcilla sobrante por la presión ejercida como un cordón entre las juntas internas. Luego el interior de la pieza es retocado hasta donde tuviera acceso el dedo del alfarero, mediante la presión o arrastre de la arcilla sobrante. Después se retoca la base de la pieza con el arrastre o corte de la arcilla sobrante, teniendo como referencia el contorno de las valvas, que aún no han sido separadas. Por último se deja secar la arcilla en el interior del molde, el tiempo necesario para que la pieza no se deforme en su extracción.

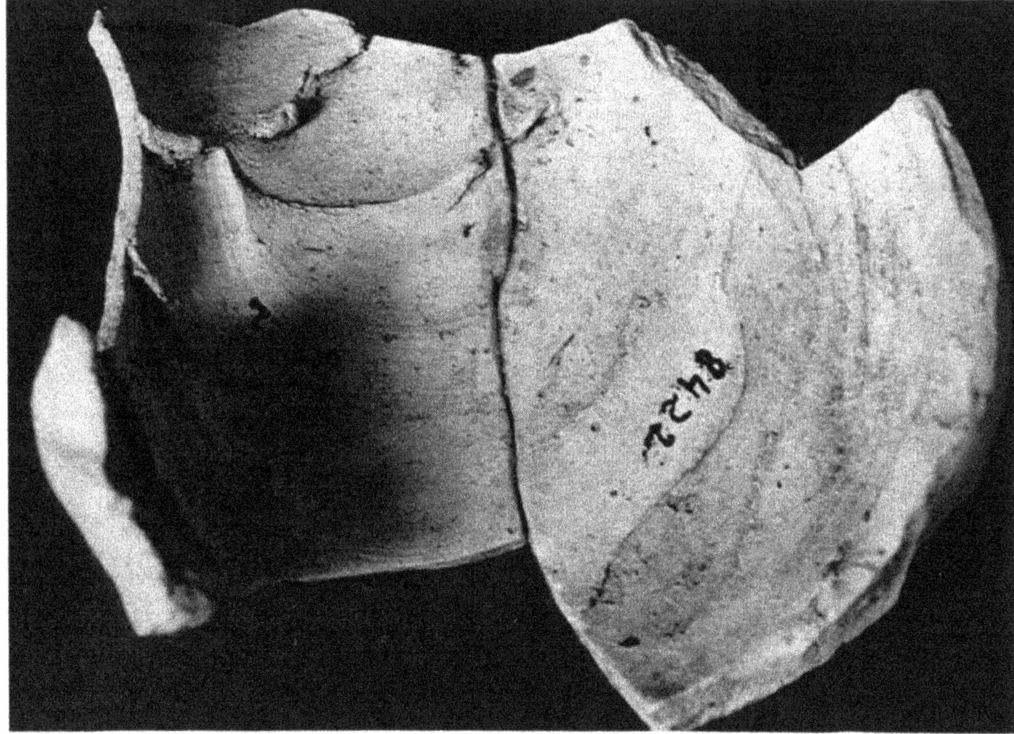

Fig.40.- Detalle del arrastre de la arcilla durante el proceso de estampillado en el interior de una figurita. Especialmente elocuente resulta la zona izquierda, en la que se aprecia como el estampillado ha sido realizado del centro hacia los lados.

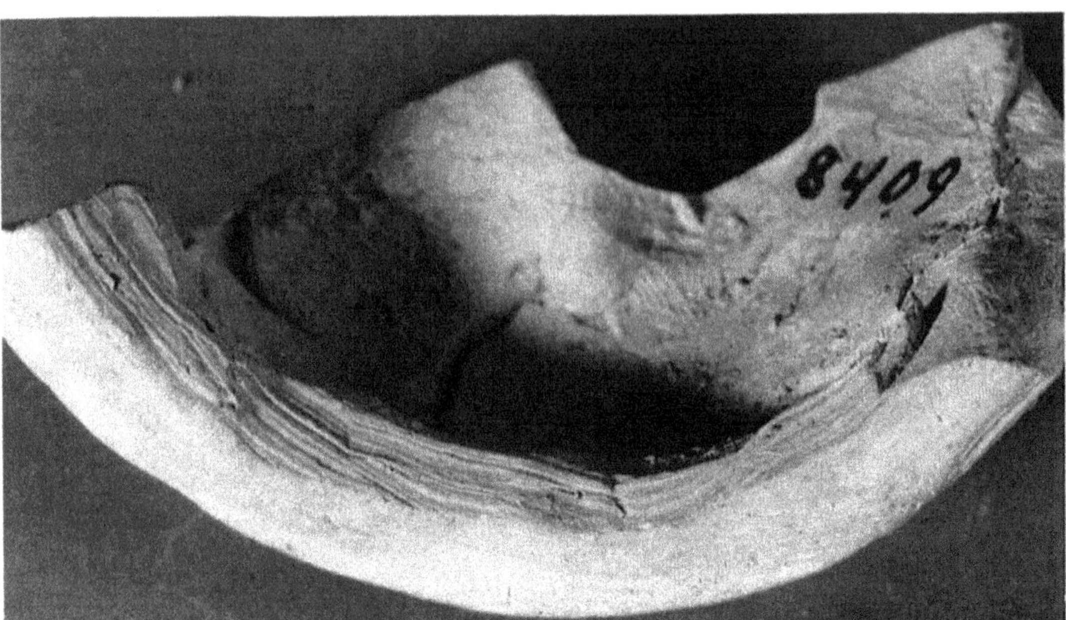

Fig.41.- Detalle del retoque efectuado por el dedo del alfarero en el interior de la base de esta figurita. La arcilla ha sido arrastrada hasta obtener un refuerzo en el reborde de la peana.

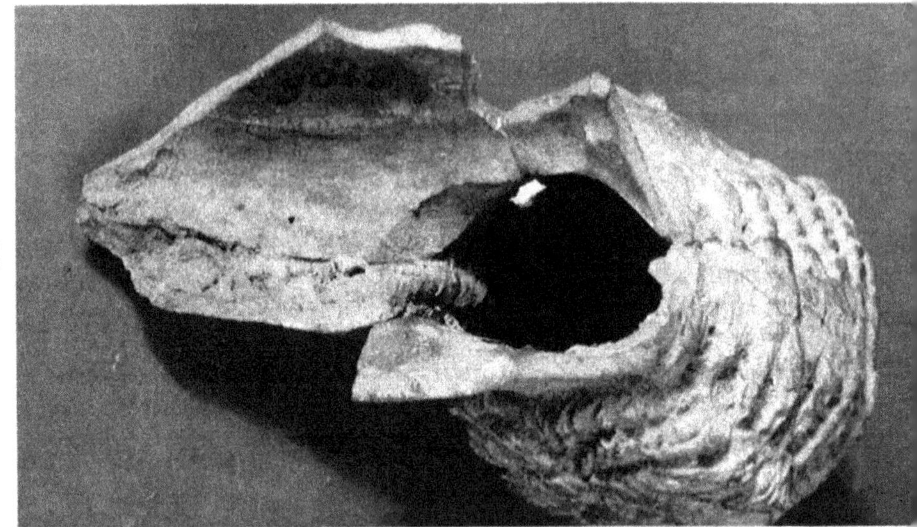

Fig.42.- Interior de una figura realizada con un molde bivalvo y detalle de la unión de ambas valvas, en las que se aprecia una especie de cordoncillo que no es otra cosa, que la barbotina empleada como adherente.

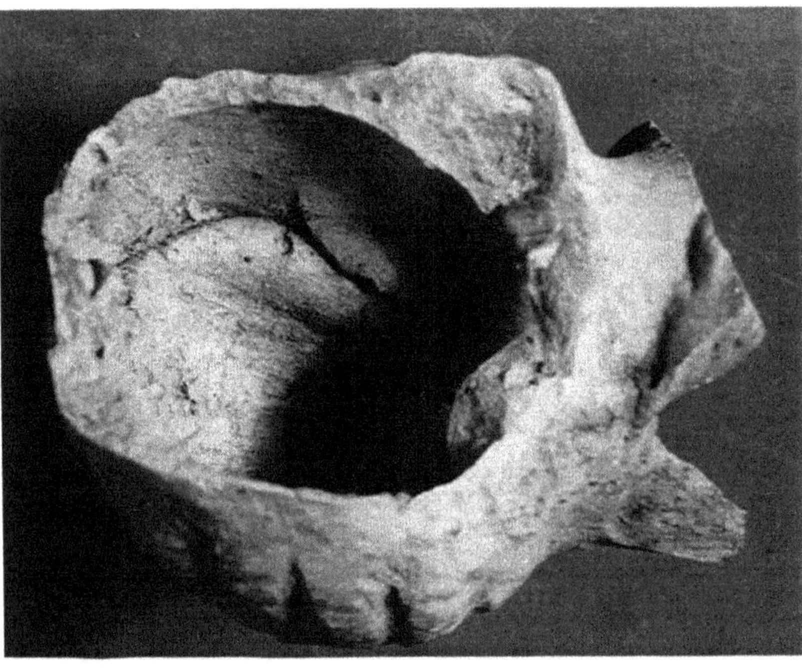

Fig.43.- Interior de una figurita efectuada con molde bivalvo, en la que se observan dos abultamientos transversales provocados por la doblez de ambas paredes, al presionar desde fuera para unir ambas caras.

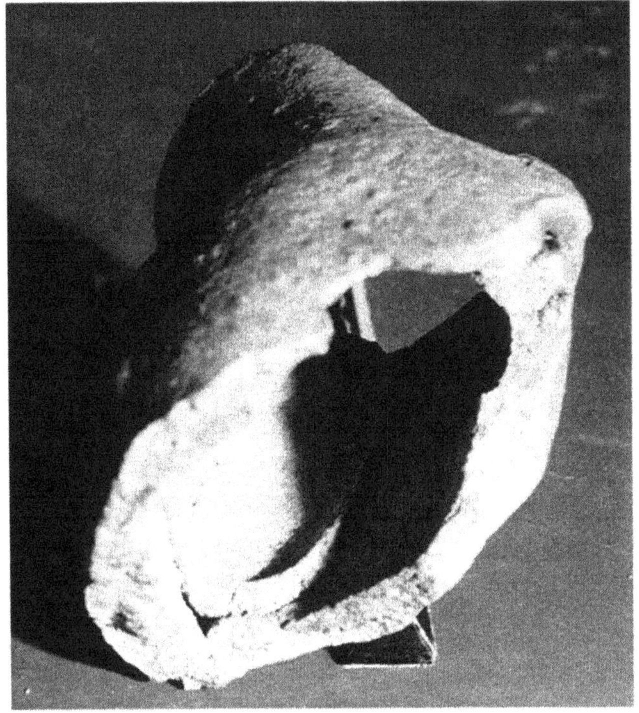

Fig.44.- Detalle del refuerzo de unión de las dos caras de una figurita. En su interior se observa una tira de arcilla que ha sido colocada ejerciendo una presión con el dedo índice en dos fases sucesivas.

B.- <u>Problemas que plantea</u>

Es preciso que la peya de barro empleada tenga el mismo grosor en todas sus zonas, o de lo contrario las tensiones producidas por la evaporación del agua son mayores y hace que la terracota se alabee. Por ello es frecuente dejar un hueco en la parte posterior de la pieza, lo que da más homogeneidad al grosor de la placa.

C.- <u>Materiales empleados</u>

- Molde bivalvo
- Peya de arcilla
- Barbotina para unir las valvas
- Gradina, espátula o punzón para rayar la superficie de contacto
- Cuchillo para cortar la arcilla que rebose de las valvas

D.- <u>Criterios de identificación</u>

- Fisuras propias de un estampillado en el que no se han tenido en cuenta los cambios de altura en el volumen y por lo tanto el grosor de la arcilla no es homogéneo.

- Dobleces, éstas aparecen cuando la peya de arcilla no ha sido convenientemente trabajada, del centro hacia los lados, y se añade más arcilla en diferentes direcciones queriendo cubrir precipitadamente las zonas vacias.

- Presencia de impresiones y arrastre de los dedos en la cara interior de las piezas.

3.2.9.- REPRODUCCIÓN POR COLADA DE BARBOTINA

A.- <u>Descripción de la técnica</u>

La colada de barbotina se realiza mediante una crema de arcilla que se consigue diluyendo ésta en agua. Ahora bien para que dicha crema sea homogénea y no se deposite la arcilla al fondo de la cubeta dejando en superficie el agua, es necesario remover constantemente o mejor aún emplear desfluoculantes. Los desfluoculantes son partículas de carbonato y silicato sódico que mezcladas con la arcilla hacen que ésta se convierta en una crema espesa, que no pierde sus propiedades aunque se deje de remover, por ello resulta tan interesante para la elaboración de las figuritas mediante moldes. Ya que se evita que por decantación, una vez que se ha realizado el molde, la arcilla ocupe las zonas más bajas de éste, quedando la pieza con un grosor irregular, más gruesa en la zona donde se depositó la arcilla y más fina en los espacios restantes.

Los desfluoculantes se preparan de la siguiente manera, han de mezclarse el carbonato y el silicato sódico a partes iguales, se reducen a polvo y se diluyen en un poco de agua. Será necesario preparar 3 gramos por cada kilo de barbotina, que habrá de mezclarse con la arcilla y el agua, hasta conseguir que espese.

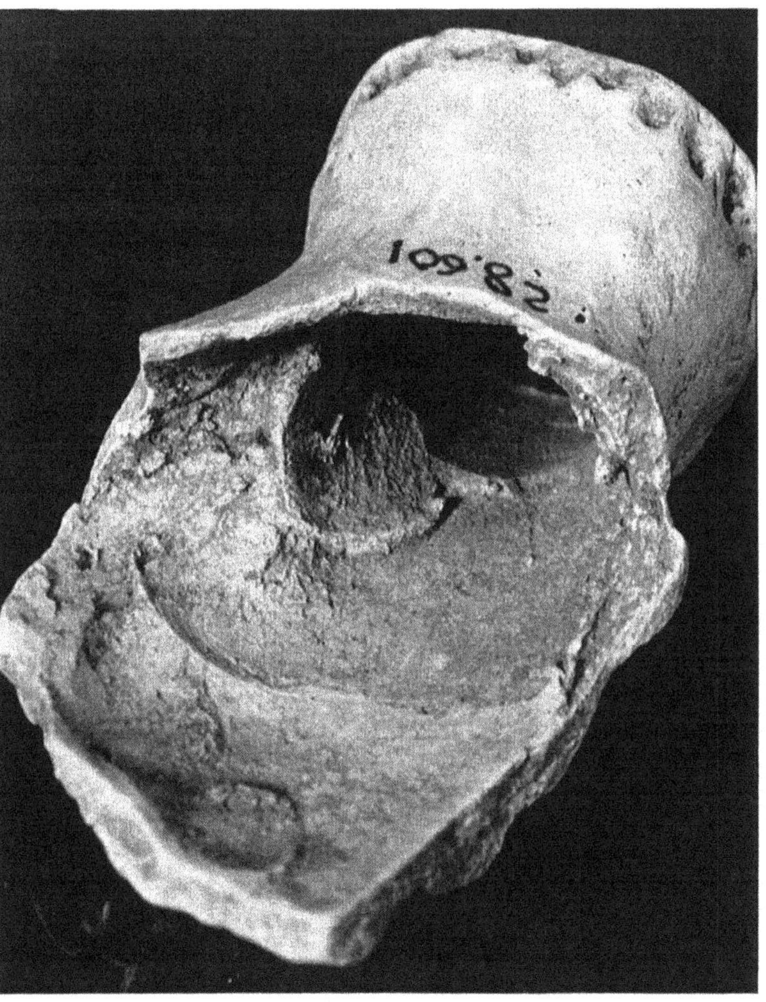

Fig.45.- Detalle del arrastre de los dedos en el interior de una terracota, durante el proceso de estampillado.

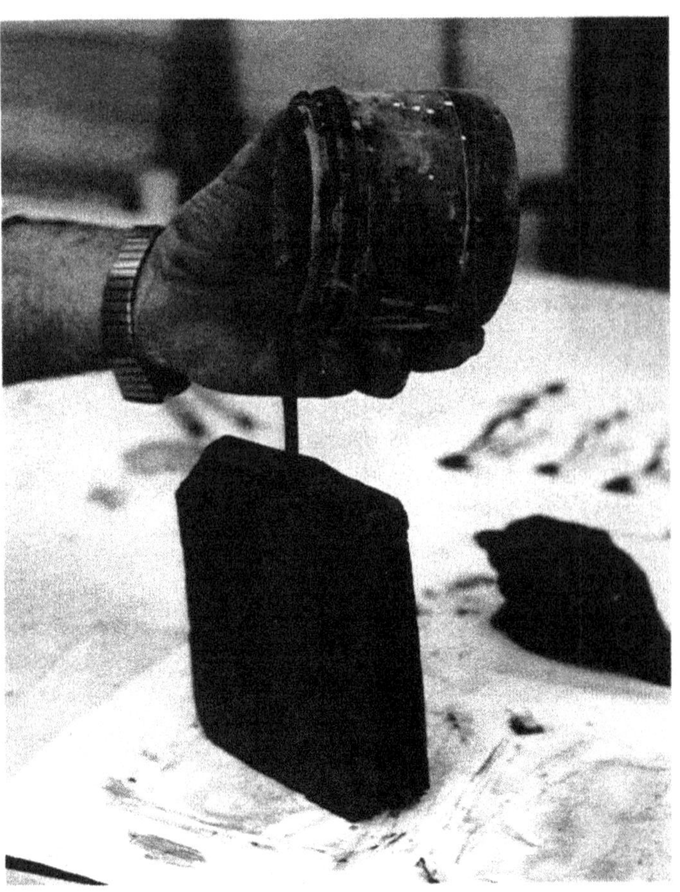

Fig. 46.- Molde cerámico y reproducción del mismo por colada de barbotina.

Hay dos maneras de realizar la colada. Primero vertiendo la crema de barbotina en el molde, que habrá de agitarse vivamente para que penetre en todas las oquedades; una vez que éste haya absorbido parte del agua de esta primera capa de arcilla se verterá otra, reintegrando lo que sobre al recipiente que contiene la arcilla líquida, luego volverá a dejar que seque y podrá repetirse la operación varias veces, hasta obtener una pared consistente y con el grosor adecuado.

Otra técnica que se puede emplear es la de calcar la primera impresión con un pincel, para ello se va pintando la superficie del molde con la barbotina sin interrupción, siempre arrastrando la arcilla para evitar grietas de unión que luego puedan convertirse en fisuras en la superficie. Además si utilizamos un pincel para la primera capa de calco, evitaremos que queden burbujas en la arcilla que copia el molde. Lo que ocasionaría problemas en la terracota al ser cocida, pues tanto las fisuras como las burbujas pueden hacer estallar la pieza en el horno al ser cocida.

B.- Problemas que plantea

- Si la pieza ha sido elaborada sin desfluoculantes mostrará un grosor irregular en sus paredes.

-Presencia de burbujas por haber removido la barbotina con demasiada rapidez, quedando aprisionadas vacuolas de aire en su interior, lo que conlleva a la formación de una masa poco homogénea que puede liberar dichas burbujas en el momento de la cocción, haciendo estallar la pieza. Así mismo las vacuolas de aire provocan en la superficie de la terracota un aspecto descuidado y si son muy abundantes ofrecen una terracota mal realizada.

C.- Materiales empleados

- Palas en forma de cuchara para remover la barbotina.
- Las manos se utilizan para desleír los grumos.
- Pincel para aplicar la barbotina evitando así las imperfecciones que se pueden derivar de una mezcla que esté muy oxigenada y tenga problemas de vacuolas de aire.
- Desfluoculantes

D.- Criterios de identificación

- Si se conoce el modelo original, el prototipo sacado de él es más pequeño que con la técnica del estampillado.

- El grosor de las paredes de la terracota son más homogéneas y finas que si se hiciera por estampillado, la terracota tiene menor peso específico.

- Las imperfecciones habituales de la colada de barbotina son las burbujas, las pequeñas oquedades y alguna fisura provocada por contracción. Las primeras son causadas por la excesiva humedad del molde; por tensión superficial las burbujas tienden a salir hacia el exterior, pero no pueden atravesar la escayola si ésta se encuentra excesivamente húmeda. Lo mismo sucede en los moldes de cerámica ya que están realizados con materiales absorventes, por lo que estas revierten en la masa arcillosa dejando su impronta. A veces quedan pequeñas oquedades limpias en las zonas más prominentes de la pieza, por ejemplo en los arcos superciliares, nariz o barbilla si se trata de un rostro o cabeza y hombros si es un busto o una figura entera, ello se produce por la decantación de los materiales líquidos (fig.15), el molde va absorviendo agua y la pasta se va sedimentando. Respecto a las fisuras estas surgen por un secado rápido cuando la terracota no ha liberado el agua progresivamente.

- Capa posterior homogénea que presenta un aspecto liso sin el acabado propio del estampillado, en el que se aprecian las huellas dejadas por los dedos.

3.2.10.- SECADO AL AIRE

A.- Descripción de la técnica

Se coloca la pieza sobre un soporte flexible (tejido, madera, etc.) y luego se sitúa en un lugar bien ventilado y a la sombra.

B.- Problemas que plantea

-Si la pieza esta expuesta al sol y a otros agentes externos, como pueden ser el agua, el viento excesivo o la humedad ambiental, provocaría un secado rápido y no uniforme en el caso del sol, con las consiguientes roturas y deformaciones de la figurita. Y en el resto de las situaciones un secado excesivamente lento, quedando las piezas crudas en el interior.

-Si el soporte no es flexible, durante el proceso de secado la figurita se pueda resquebrajar y adherir al mismo.

-Otros problemas son todos los derivados de una deficiente manipulación de las piezas en crudo, lo que ocasionaría deformaciones, aplastamientos, desaparición de la textura y de los detalles.

C.- Materiales empleados

-Soportes flexibles (maderas, tejidos, etc.).
-Instalaciones cubiertas y orientadas hacia los vientos dominantes.

D.- Criterios de identificación

-Toda pieza cocida ha debido ser expuesta a un secado previo, de lo contrario se destruiría en la cochura.

3.2.11.- RETOQUE DE JUNTAS Y RETEXTURADO

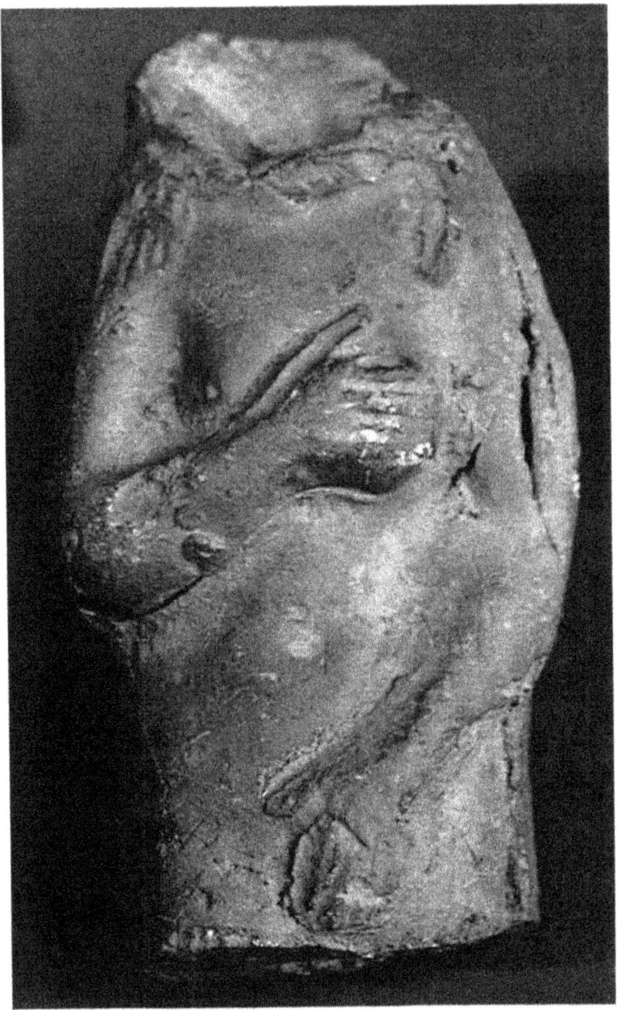

Fig.47.- Se trata de la figurita en terracota de una venus púdica procedente de Mérida. En ella se aprecia el retexturado de las manos que ha sido realizado con un punzón, detallando su contorno y cada uno de los dedos.

A.- Descripción de la técnica

Muchas terracotas presentan retoque de juntas, es decir que con un cuchillo o una espátula se han retocado las rebabas ocasionadas al juntar las valvas del molde. Ahora bien, son pocos los casos en los que además se intenta reproducir el motivo decorativo. Así nos encontramos numerosas cabecitas con la zona lateral alisada y sin que se haya reproducido luego el peinado, por lo que dichos retoques se muestran muy evidentes; tienen forma de banda ancha y lisa que recorre todo el contorno de la pieza (fig.38). También es frecuente encontrar la peana de estas figuritas rematada por un corte transversal, que se efectuaba con un cuchillo metálico y con la pieza aún dentro del molde. Así mismo era habitual retocar el interior de dichas peanas por medio del alisado con los dedos, lo que favorecía la adherencia de las valvas. Y por último en algún caso se retexturó la pieza, es decir se le añadieron diversas texturas que aumentaban su calidad. Así por ejemplo líneas incisas que forman pliegues en el ropaje, mechones en el cabello, y espatulado en la anatomía de la figurita. etc.

B.-Materiales empleados

- Manos, dedos y espátulas para alisar la peana en muchas figuritas.
- Cuchillo, para cortar y rematar el contorno de las terracotas quitándoles las rebabas sobrantes.
- Punzón empleado para retocar la parte figurada de la terracota.

C.- Problemas que plantea

-En el retoque de juntas es posible que la presión excesiva al producir el corte de la arcilla sobrante deformara o agrietara la unión de las valvas.

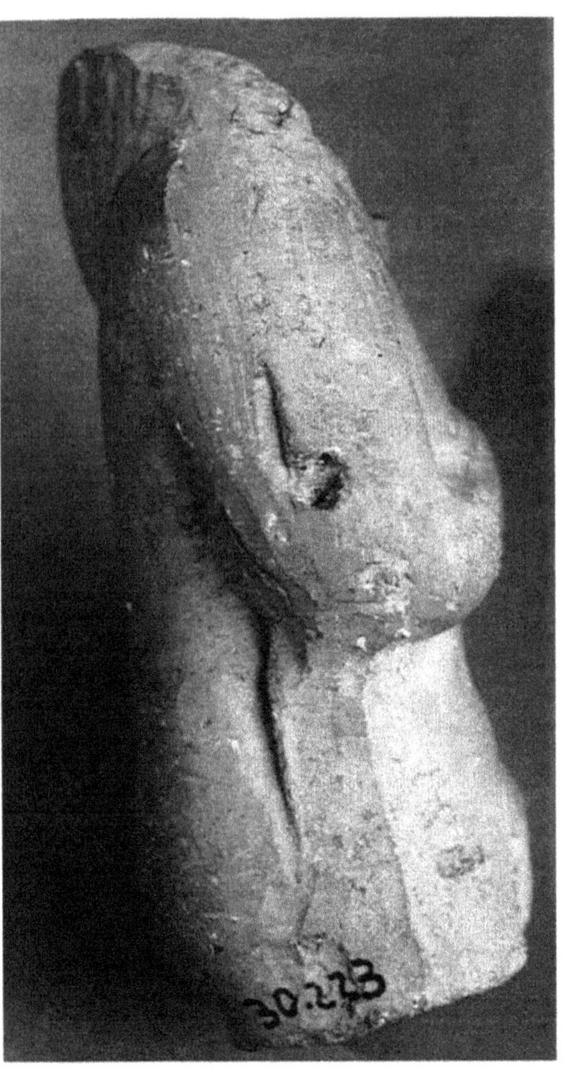

Fig.48.- Venus púdica vista de perfil. Se observa el retoque de las juntas, efectuado con un cuchillo que ha dejado una amplia banda plana en la zona de unión de las valvas.

-Para piezas de calidad, a veces es muy difícil igualar por medio de los palillos, la textura y la anatomía de las figuritas originales. Ya que en ocasiones la propia herramienta no permite el acceso a zonas que tienen mucho detalle y precisión.

D.- Criterios de identificación

- A simple vista es fácil reconocer las marcas y texturas dejadas en la superficie del barro fresco con los diferentes palillos de alfarero.

3.2.12.- CERAMIZADO

A.- Descripción de la técnica

Una vez secadas al aire, las piezas se apilan sobre la parrilla (no importa que queden en contacto unas con otras ya que al estar secas no se adhieren entre sí) del horno cuyo tipo básico, empleado en aquella época, correspondía al más difundido de tiro vertical, llama libre, funcionamiento discontinuo y doble cámara (Juan, 1992, 74). La transmisión del calor se hace por convección, a través de la corriente caliente que producen las llamas al pasar por un tubo o chimenea.

Nosotros no hemos podido cocer las piezas en un horno antiguo, pero sí hemos hecho pruebas a diferentes temperaturas, ya que los resultados de los análisis quimicomineralógicos dieron como resultado que las terracotas sufrían dos cocciones diferentes, la primera, que es la que nos ocupa, se trata de un ceramizado a una temperatura no superior a los 600° C e inferior a los 1.100°C.

B.- Problemas que plantea

-Si se introducen en el horno piezas que no hayan sido secadas convenientemente provocara el estallido de las mismas y la posible rotura de las terracotas próximas.

-Si la arcilla no ha sido bien amasada o depurada, quedando en su interior burbujas o caliches, puede producirse la rotura de las terracotas.

-Una mala cocción provoca piezas ennegrecidas por la falta de oxígeno o pastas tipo bizcocho que presentan una dureza irregular en la capa externa más cocida que en la interna.

C.- Materiales empleados

-Horno de tiro vertical, llama libre, funcionamiento discontinuo y doble cámara.

-Combustible: leña, hojas, ramas y frutos resinosos (piñas, etc.). Estos últimos provocan una fuerte llama con gran energía calorífica lo que facilita el inicio de la combustión.

D.- Criterios de identificación

-Al golpear la pieza se produce un sonido más o menos cristalino.
-No se degrada en contacto con el agua.
-Tiene un peso ligero. La terracota cocida es más liviana que la cruda.

-Al pasar la uña por la superficie de la figurita esta no se raya. Lo contrario que sucede en una cocción a baja temperatura (bizcochado 600°C.)

-Análisis químico mineralógicos por Difracción de Rayos X demuestran que la temperatura del horno no superó los 1100°C que es el grado de destrucción de las micas de tipo ilita detectadas en la mayoría de las terracotas analizadas.

3.2.13.- APLICACIÓN DEL FONDO

A.- Descripción de la técnica

Las piezas una vez horneadas se recubren con una capa de cal rica en óxido de plomo, sustancia añadida para acentuar el color blanco de la cal. Esta mezcla de cal más óxido de plomo es conocida por los alfareros con el nombre de celuza o albayalde. Este fondo se aplica por medio de un pincel o bien, si la pieza no es demasiado grande, por inmersión de la misma en un baño de cal.

B.- Problemas que plantea

- Si no se liga la cal con óxido de plomo, ésta una vez cocida se degrada. El óxido sirve, además de para acentuar el color blanco, como fundente, consiguiendo que la cal no se desprenda fácilmente de la superficie.

- El empleo de una cubeta inadecuada (de madera o vidrio) provoca la rotura de ésta por acción del calor que desprenden las piedras de cal.

- La cal es un material peligroso que al contacto con la piel produce quemaduras graves. Por lo que es necesario tomar las precauciones adecuadas.

C.- Materiales empleados

- Cal viva y óxido de plomo.
- Agua para disolver la cal.
- Balanza para pesar los materiales.
- Cubeta metálica o cerámica para disolver la cal en el agua.
- Palo de madera o cuchara, para disolver la cal muerta.
- Pinceles para aplicar la lechada de cal.

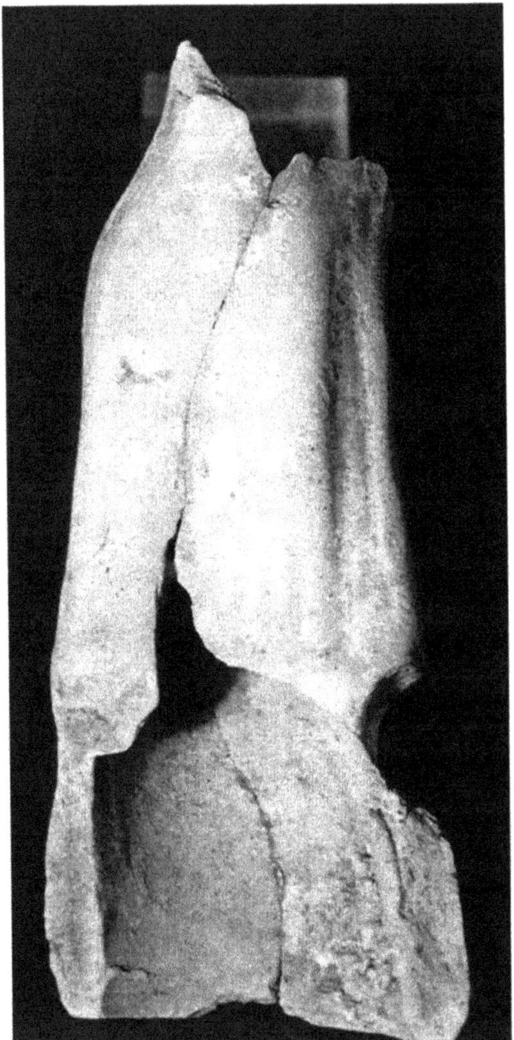

Fig.49.- Figurita con restos del fondo de cal sobre su superficie, procedente de Mérida.

D.- Criterios de identificación

- La terracota presenta en ocasiones una gruesa capa de color blanco, otras veces es más fina. Un análisis químico puede determinar los componentes que la constituyen.

3.2.14.- COCHURA

A.- Descripción de la técnica

Una vez que se ha aplicado el fondo blanco, la terracota vuelve a meterse en el horno, esta vez para recibir otra cochura no superior a los 950° C que es la temperatura de destrucción de los carbonatos. Es así como se consolida la capa de cal, pues de lo contrario se desmoronaría.

B.- Problemas que plantea

- Los mismos que se plantean para un ceramizado

C.- Materiales empleados

- Horno de tiro vertical, llama libre funcionamiento discontinuo y doble cámara.

- Combustible: leña, hojarasca, ramas y frutos resinosos (piñas, etc.), estos últimos provocan una fuerte llama con gran energía calorífica lo que facilita el inicio de la combustión. Luego se utiliza leña o carbón vegetal para el resto de la cocción.

D.- Criterios de identificación

- Este tipo de tratamiento no muestra unos criterios específicos de identificación, salvo el estudio químico mineralógico de la cal, en la que se halló óxido de plomo. A partir de los 950° C los carbonatos se destruyen, así pues el horneado que se daba a estas piezas para fijar la cal nunca superó esta temperatura.

En el caso de que la terracota hubiera sido solo bizcochada, salvando todos los procesos anteriores, los criterios de identificación son los siguientes:

- Al golpear la pieza se produce un sonido sordo.
- La pieza se degrada en contacto con agua.
- La terracota bizcochada pesa más que una terracota ceramizada, ya que ha liberado menos cantidad de agua.
- Al pasar la uña por la superficie de la terracota se raya.

3.2.15.- POLICROMADO

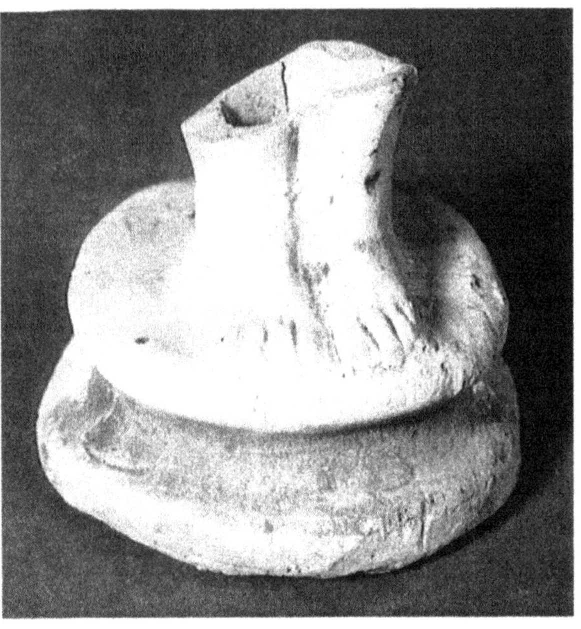

Fig.50.- Restos de pigmentación roja sobre la peana de una figurita, procedente de Mérida.

A.- Descripción de la técnica

Para policromar las figuritas de terracota se emplean colores cerámicos, estos son aquellos que han de sufrir la acción del fuego para que se fijen a la superficie de la pieza. El proceso se realiza de la siguiente manera. Una vez bizcochada la terracota se le aplican los colores que han sido previamente molidos y cribados para facilitar su disolución en el agua. Los colores más empleados son los óxidos metálicos (plomo, cobre, manganeso, níquel, cobalto, oro, etc.) mezclados con fundentes (silicatos con arenas, caolín y óxido de zinc), y se ceramiza, es decir se la somete a una temperatura superior a los 800ºC.

B. - Problemas que plantea

-Que se le añada una proporción inadecuada de fundentes, lo que provoca el cuarteo y agrietamiento de la pintura.

- Problemas derivados de una mala aplicación del color, por ejemplo, el exceso de color haría que éste se descuelgue goteando sobre la superficie, mientras que la aplicación escasa del mismo dejaría lagunas sin colorear.

C.- Materiales empleados

- Mortero para triturar el color y criba para tamizarlo.
- Recipientes con agua.
- Colores: óxidos metálicos.
- Fundentes: silicatos con arenas, caolín y óxido de Zinc.
- Pinceles para su aplicación.
- Horno.

D.- Criterios de identificación

- Los restos de pigmentación sobre la superficie de la terracota.
- La dureza de la superficie pintada, que no se raye al contacto con un punzón de hierro.
- Que el color presente un aspecto muy homogéneo e integrado en la superficie cerámica, es decir que no se salte fácilmente.

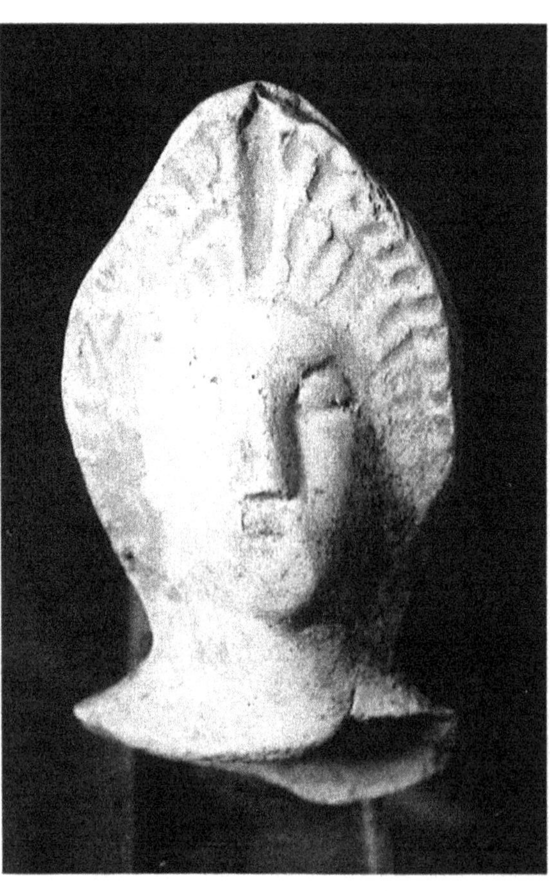

Fig.51.- En el cabello de esta figurita se advierten restos de pigmentación en amarillo, procedente de Mérida.

4.- TERRACOTAS ARQUITECTÓNICAS

Las terracotas arquitectónicas son los elementos de arcilla que decoraban el exterior de los edificios y se encontraban situadas en la zona de la techumbre y sus proximidades. Aquí trataremos exclusivamente de las antefijas (antefixium: ante = delante y figere = fijar), que por otra parte son las terracotas más abundantes y representativas de la arquitectura Hispana (Ramos, 1993). La antefija se compone de una placa de terracota dispuesta verticalmente con ornamentación en forma de palmeta, cabeza, etc. que servía para ocultar el extremo de una hilera de tejas. Todas estas piezas se fabricaban con molde simple (univalvo); sólo hemos hallado dos casos en los que se modelaran a mano, nos referimos a una antefija hallada en la villa de Río Seco de los Quintanares en Soria (fig.52), y al tocado de pámpanos de un sileno procedente de Tarraco (Ramos, 1996, 223, tipo 31).

4.1.- FABRICACIÓN A MANO

4.1.1.- MODELADO AL PELLIZCO

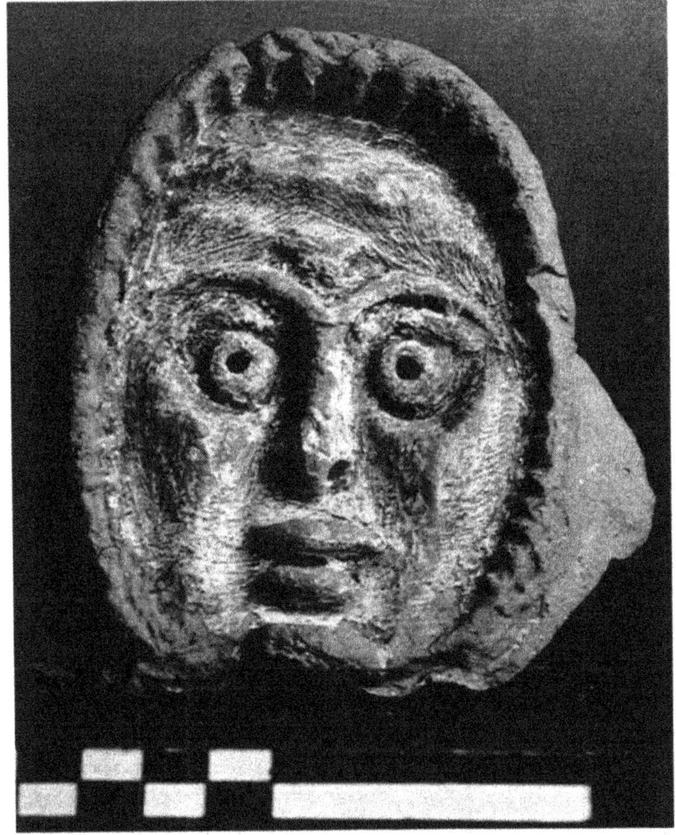

Fig.52.- Antefija realizada a mano procedente de la Villa romana de Río Seco de los Quintanares (Soria). En la pieza se observan zonas de llaves, es decir lugares con ángulos rehundidos en los que sería difícil hacer una copia a través de molde, ya que la arcilla quedaría trabada en estos lugares haciendo imposible el desmoldeado de la terracota.

A.- Descripción de la técnica

Se amasa la peya de arcilla y una vez que ésta presenta una estructura homogénea en la que no quedan burbujas de aire en su interior y muestra una textura hidratada y plástica, se procede al modelado de la placa de la antefija. El modelado al pellizco, consiste en ir creando el boceto a base de pellizcos de arcilla hasta completar la forma deseada, de esta manera la estructura interna es homogénea y en el momento de la cocción no habrá problemas de roturas.

B.- Problemas que plantea

Si el modelado al pellizco no se efectúa adecuadamente, habrá problemas de fisuras y roturas por las zonas menos sólidas.

C.- Materiales empleados

- Principalmente las manos.
- En ocasiones suelen completarse los detalles con el empleo de espátulas y punzones.

D.- Criterios de identificación

- La presencia de llaves, es decir zonas rehundidas cuyos ángulos agudos impiden desmoldear la masa que quedara trabada, impidiendo obtener un molde completo.

4.2.- FABRICACIÓN CON MOLDE

4.2.1.- ELABORACIÓN DEL ARQUETIPO DE ARCILLA

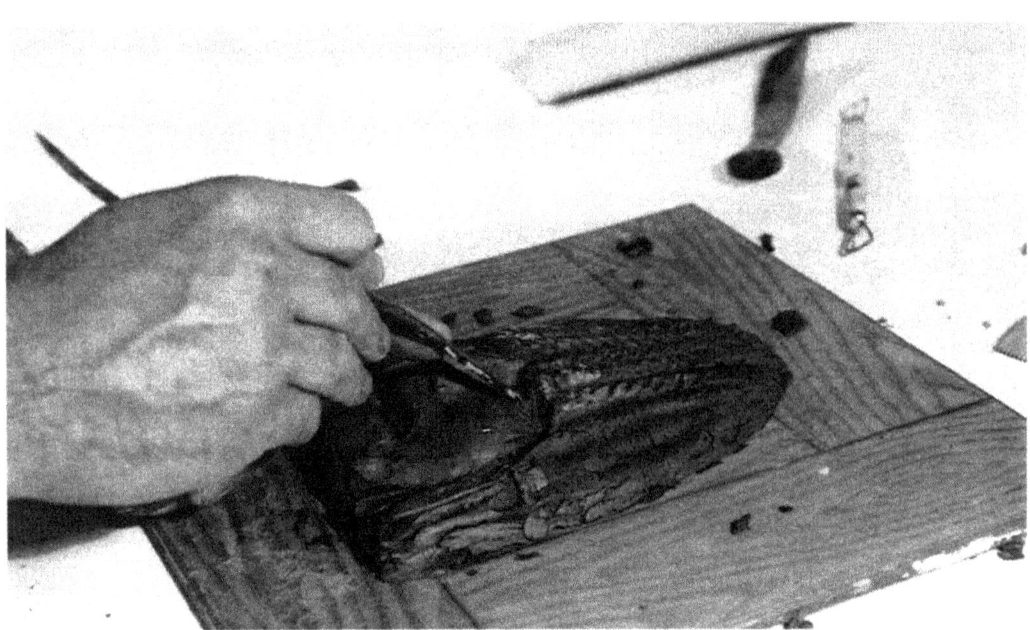

Fig.53.- Realización en el taller de plástica de un arquetipo de arcilla. En la imagen se reproduce una pieza original del s.I d.C. que se conserva en el Museo Arqueológico Nacional de Madrid y que representa a una máscara trágica.

A.- Descripción de la técnica

Para la elaboración del arquetipo se emplea una peya de arcilla bien amasada que se coloca sobre una superficie elástica y plana (tabla de madera o tejido). Con la técnica del pellizco se van completando los diversos volúmenes, hasta tener preparado el boceto que se deja secar a la dureza del cuero luego se perfilarán los detalles, evitando así que estos se emplastasen cuando la arcilla aún estaba fresca.

B.- Problemas que plantea

- La arcilla ha de estar bien amasada o de lo contrario se romperá durante la cocción.

- Es necesario emplear la técnica del pellizco en la preparación del arquetipo, sino los pegotes de arcilla no tendrán cohesión suficiente y terminarán abriéndose en el horno.

- Para trabajar el arquetipo será preciso dejar secar el barro a la dureza del cuero o de lo contrario será imposible modelarlo adecuadamente, ya que cada trazo que efectuemos puede deshacerse por la excesiva plasticidad del material .

C.- Materiales empleados

- Manos y dedos

- Diferentes palillos. Espátulas: planas, redondeadas, curvas, cóncavas y convexas para alisar y detallar. Gradinas, para rallar y envolver volúmenes. Trépanos, para vaciar. Punzones, para detalles pequeños y líneas concisas. Además todos estos palillos pueden utilizarse para dar al acabado final con diversas texturas.

D.- Criterios de identificación

Es muy difícil que se conserven los arquetipos debido a que probablemente no fueron realizados en un número elevado.

- Uno de los criterios para identificar el arquetipo es su calidad y tamaño respecto a las copias que salieron de él, pero para eso hemos de contar con una serie de terracotas iguales con las que poder comparar.

4.2.2.- COPIA DE UN OBJETO YA EXISTENTE

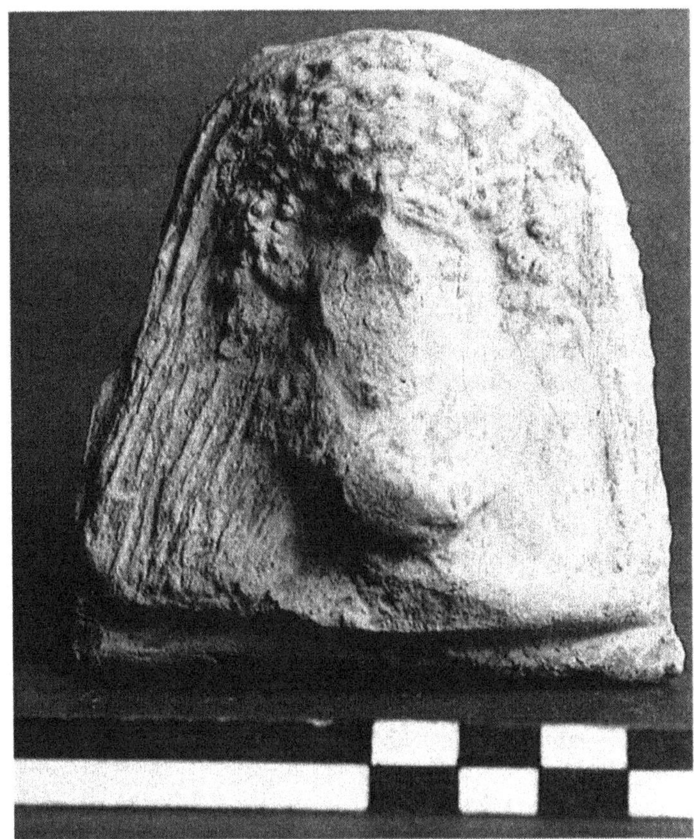

Fig.54.- Antefija procedente de Tiermes (Soria). Representa un busto de sileno velado y se fecha en torno al s.I d.C. Ha de observarse como la figura ocupa toda la placa de la antefija, por lo que se puede deducir que se trata de una pieza realizada con un molde de primera generación.

A.- Descripción de la técnica

Para copiar un modelo ya existente bastará con disponer de éste, normalmente se trataba de terracotas fáciles de adquirir en los centros alfareros. Una vez que tenemos la pieza original, lo primero que habrá que hacer será darle una imprimación de aceite para evitar que al sacar la copia, la arcilla quede pegada a la superficie de ésta. Luego tomando una peya de arcilla imprimiremos con toda fidelidad sus rasgos, creando un molde que una vez seco y cocido servirá de soporte para reproducir la pieza tantas veces como deseemos. Por lo tanto esta técnica se reduce a un arquetipo ya existente, que es el modelo que se copia, los pasos que se siguen a continuación son los mismos que en la reproducción del arquetipo.

B.- Problemas que plantea

- Es necesario contar con una terracota que servirá de arquetipo para realizar su copia.

- Siempre ha de darse una capa de aceite para evitar que la arcilla se adhiera a la superficie de la terracota que vamos a copiar.

C.- Materiales empleados

- Aceite para evitar que la arcilla quede adherida a la superficie de la terracota en el momento de la reproducción.
- Pincel para extender el aceite.
- Con las manos se extiende la capa de arcilla que copiara la pieza original.

D.- Criterios de identificación

Es posible adivinar el uso de un objeto preexistente como arquetipo, si éste es muy conocido en la época y su tipo ha sido muy difundido.

En otras ocasiones se ha podido reconocer porque se copió directamente del original sin necesidad de molde y entonces quedó la antefija resultante en negativo.

4.2.3.- VACIADO CON MOLDE CERÁMICO SIMPLE

A.- Descripción de la técnica

El vaciado de un molde se hace extendiendo sobre el arquetipo, ya cocido e impregnado de aceite, una peya de arcilla que por impresión copiará con fidelidad el original. Para ello es preciso sujetar bien el arquetipo y presionar con los dedos la arcilla, que puede disponerse en una sola capa de un grosor adecuado o realizarse por la técnica del pellizco.

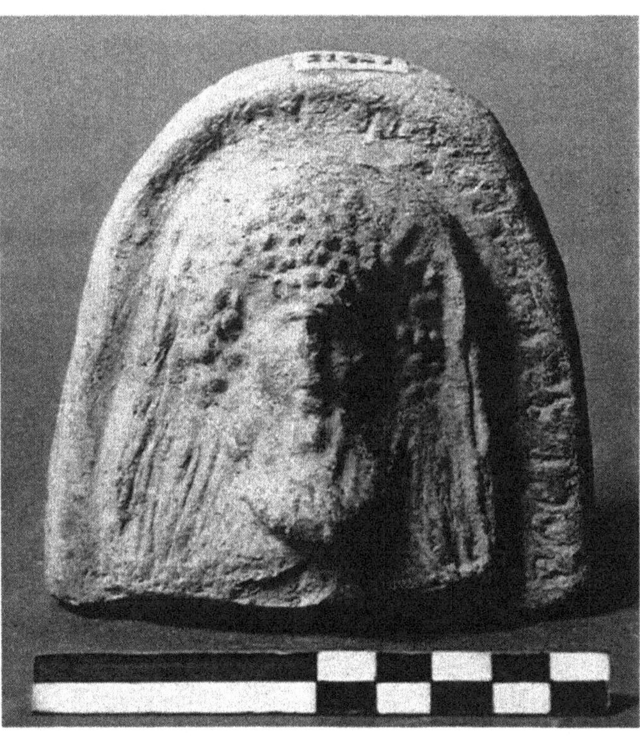

Fig.55.- Antefija procedente de Clunia (Burgos). En ella se representa el mismo busto de sileno que en la figura 54, pero a diferencia de que en esta ocasión el motivo figurado es más pequeño que la placa de la antefija. Por eso se sabe que ha sido elaborada con un molde de segunda generación.

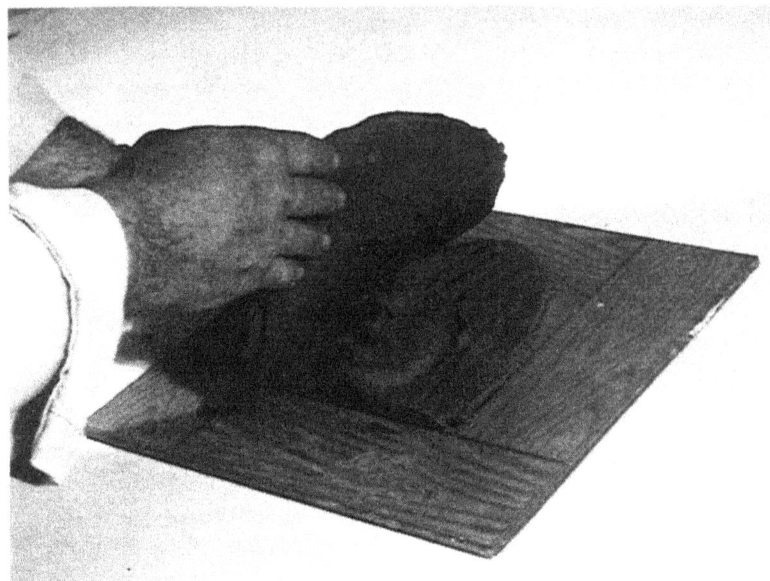

Fig.56.- Reproducción en el taller de plástica de un molde cerámico, partiendo del arquetipo.

En muy contadas ocasiones hemos podido encontrar el molde original. Procedentes de la provincia Tarraconense sólo conocemos dos ejemplares: uno hallado en Varea, La Rioja (fig.56) y otro en la villa romana de Villaverde Bajo en Madrid (fig.57). En ambas piezas se pueden apreciar los detalles de un acabado regular en su reverso, lo que facilita la tarea de copia. En el caso de moldes de tamaño grande como el de Varea, el reverso es liso para que dicha superficie se adapte a la superficie de la mesa de trabajo y no se mueva. En el caso de moldes más pequeños, como el de Villaverde Bajo en Madrid, basta con que el reverso se ajuste a la palma de la mano para que el proceso de estampillado sea cómodo.

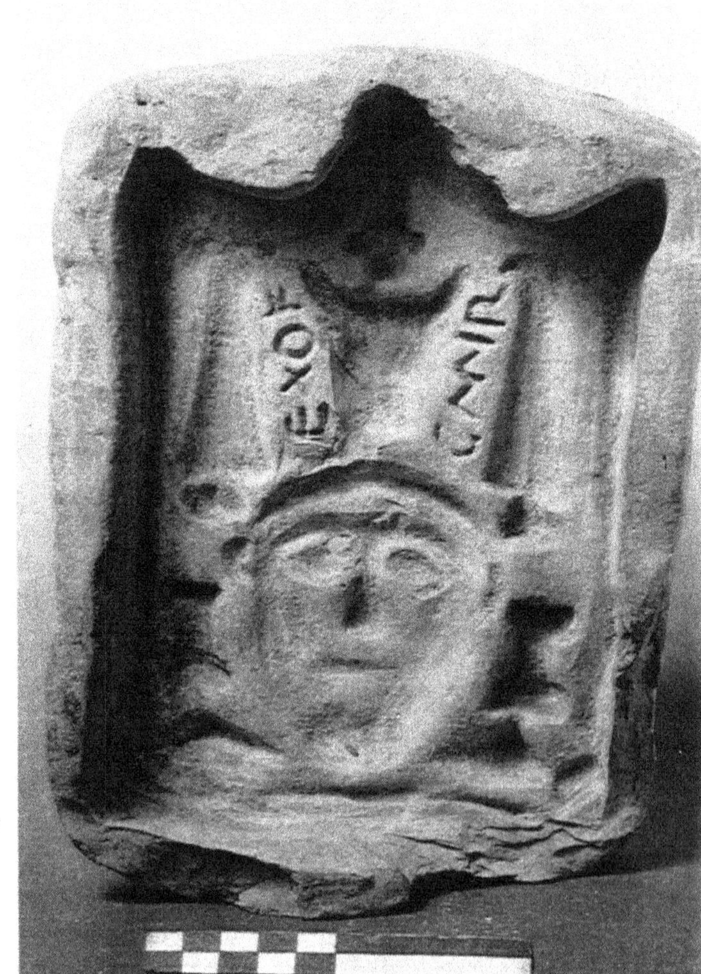

Fig.57.- Anverso y reverso de un molde simple univalvo procedente de Varea (La Rioja), utilizado para la reproducción de antefijas. En la cara anterior se observa una cabeza masculina sobre la que aparecen un vóbido y una marca de alfarero: EXOF/ CMIR: EX OF(icina) C(aii) MIR, rodeados por diversos elementos. La cara posterior es lisa para facilitar la labor de vaciado.

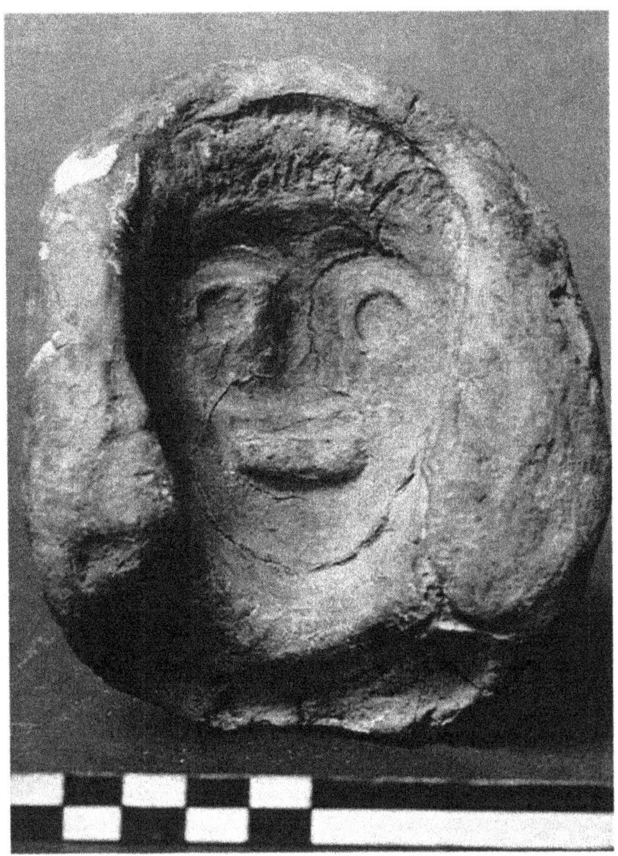
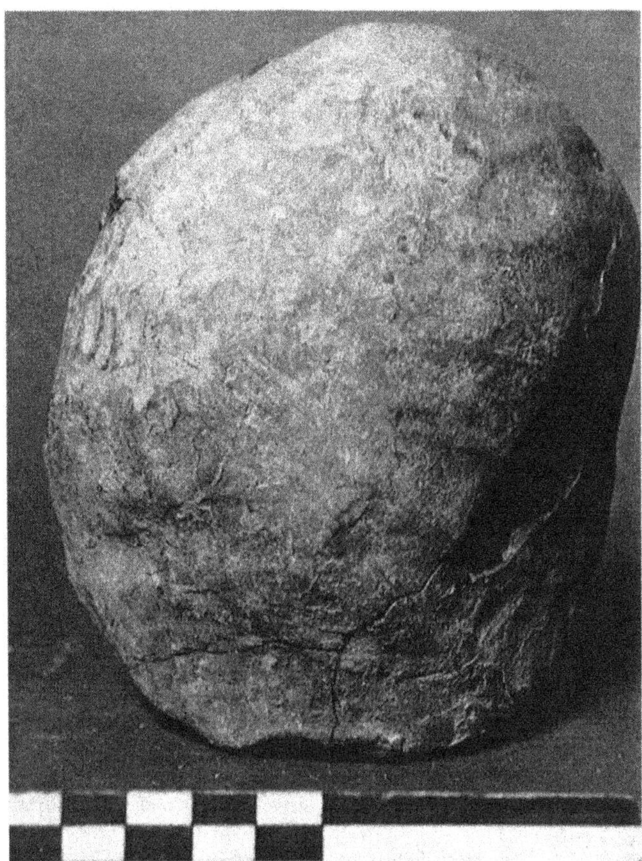

Fig.58.- Anverso y reverso de un molde simple univalvo procedente de la villa romana de Villaverde Bajo en Madrid, con la representación de una cabeza masculina. En el reverso se aprecian las huellas dejadas por los dedos del alfarero para sujetar la pieza.

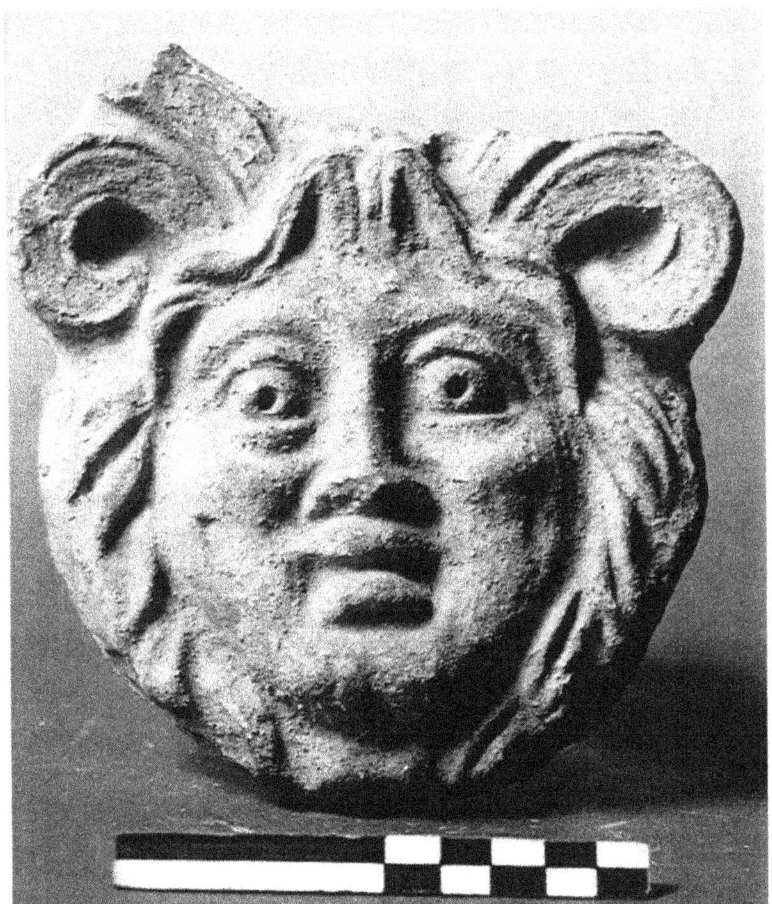

Fig.59.- Esta antefija que se conserva en el Museo Arqueológico Nacional de Madrid y representa la cabeza de una gorgona inscrita en palmeta, ha sido elaborada con un molde en buen uso, ello se aprecia en la nitidez de los rasgos. Obsérvese que en los ojos el iris ha sido producido después de haber sacado la pieza del molde.

B.- Problemas que plantea

- Es frecuente que el arquetipo se desplace durante la impresión de la arcilla, produciendo contornos borrosos y poco definidos.

- Es necesario humedecer el molde o añadirle ceniza espolvoreada o arena muy fina, para evitar que la peya de barro quede adherida al mismo, pudiéndose extraer de esta manera fácilmente el prototipo.

C.- Materiales empleados

- Pincel para extender el aceite sobre la superficie del arquetipo.
- Y las manos para el proceso del estampillado.

D.- Criterios de identificación

- Sobre todo es interesante tener en cuenta que para elaborar una terracota a través de un molde, es preciso que ésta no presente llaves, es decir zonas angulosas en las que sería difícil extraer la masa arcillosa sin problema de rotura.

- A veces, también se puede apreciar un desgaste del molde en terracotas que presentan los rasgos desvaídos y poco nítidos.

- En otras ocasiones se puede identificar un molde en buenas condiciones, gracias a la nitidez y perfección en los rasgos de las terracotas.

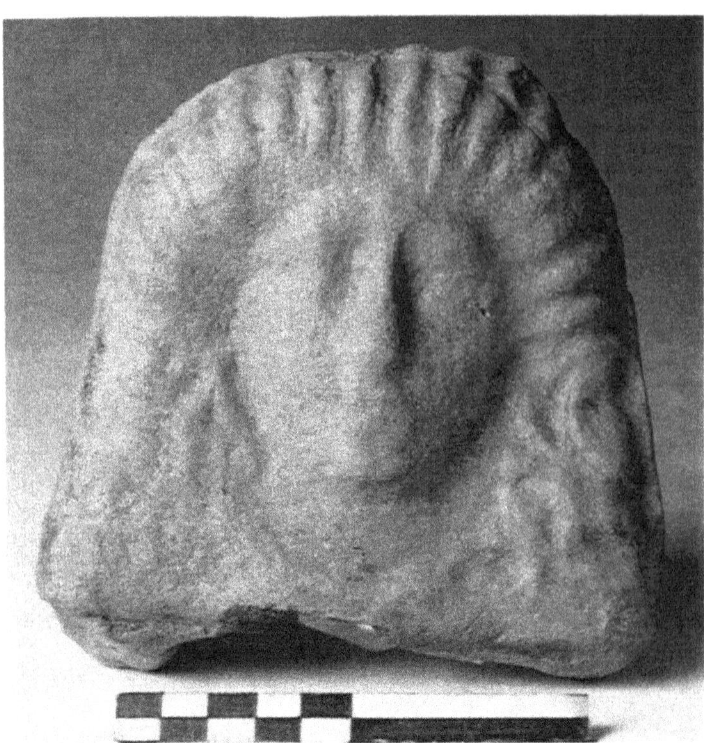

Fig.60.- Antefija procedente de Duratón (Segovia), en la que se representa una cabeza femenina con peinado de ondas radiales. Esta pieza ha sido elaborada con un molde muy gastado, lo que se observa en unos rasgos poco definidos y de contornos suaves.

4.2.4.- REPRODUCCIÓN POR ESTAMPILLADO EN MOLDE UNIVALVO

A.- Descripción de la técnica

La técnica del estampillado consiste en introducir en el molde la arcilla, formando una sola capa uniforme, lo que evitará posibles fracturas en el horno provocadas por los dobleces de la masa arcillosa y la posible creación de vacuolas de aire. Es necesario que la primera impresión sobre la matriz se realice con la misma peya de barro, por lo tanto todo el material empleado en dicha operación debe de ser añadido del centro hacia los lados.

B.- Problemas que plantea

- Si la impresión no se hace con la misma peya, añadiendo arcilla del centro hacia los lados, la terracota podría estallar durante la cocción debido a las dobleces de la masa arcillosa y la posibilidad de crear burbujas de aire en su interior.

C.- Materiales empleados

- El proceso de estampillado se realiza con las manos para presionar la arcilla y con los dedos para arrastrarla hacia los lados.

- Listoncillo de madera o cuchillo para eliminar los rebordes de arcilla sobrante.

D.- Criterios de identificación

- A veces quedan pequeñas dobleces en la masa arcillosa.

- En el reverso de la placa de la antefija se observan huellas dactilares por la presión ejercida sobre la arcilla y el arrastre de los dedos para finalizar la impresión.

- Las terracotas elaboradas por medio del estampillado pesan más que si hubieran sido reproducidas por colada de barbotina, ya que pára su fabricación se empleo más cantidad de arcilla.

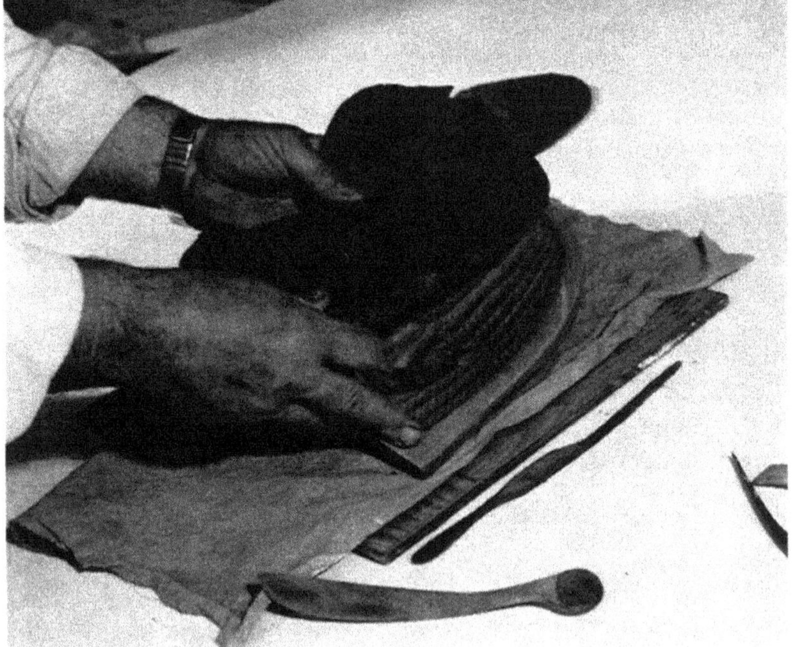

Fig.61.- Vaciado de la placa de una antefija mediante la técnica del estampillado.

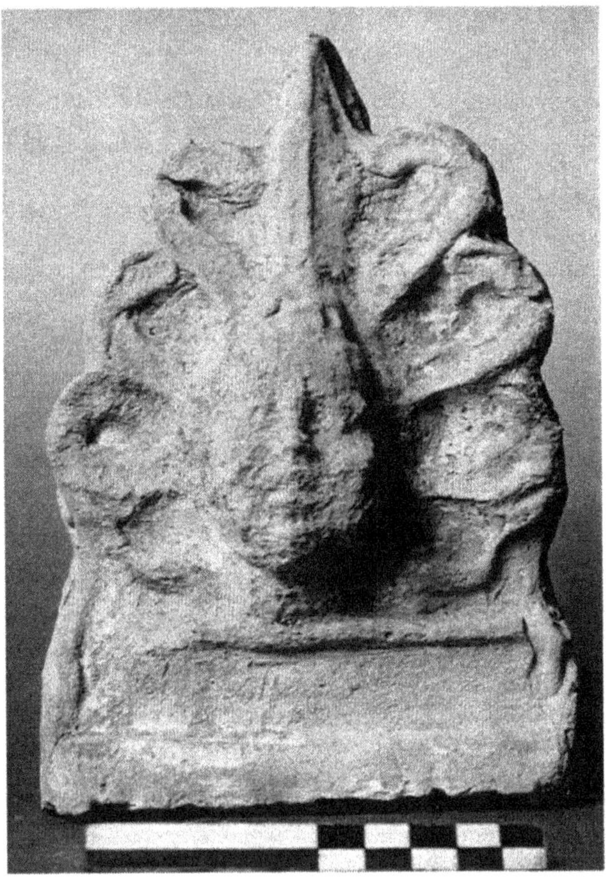

Fig.62.- Antefija procedente de Barcelona en la que se reproduce la cabeza de un Eros inscrito en palmeta, afrontado por dos delfines. En la parte superior de la palmeta se observan diversas dobleces de la masa arcillosa, propias de esta manufactura.

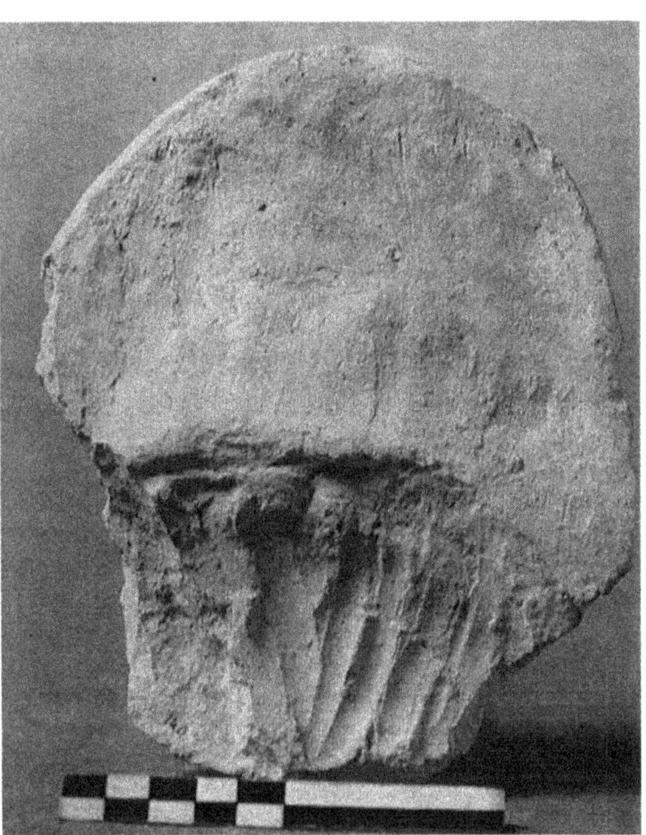

Fig.63.- Cara posterior de una antefija procedente de Lérida, en la que se observa el arrastre de los dedos característico de la técnica del estampillado. Dichos trazos se observan principalmente en la zona inferior de la pieza, que es el lugar que cubría el ímbrice y por eso no ha sido alisado como sucede en la parte superior.

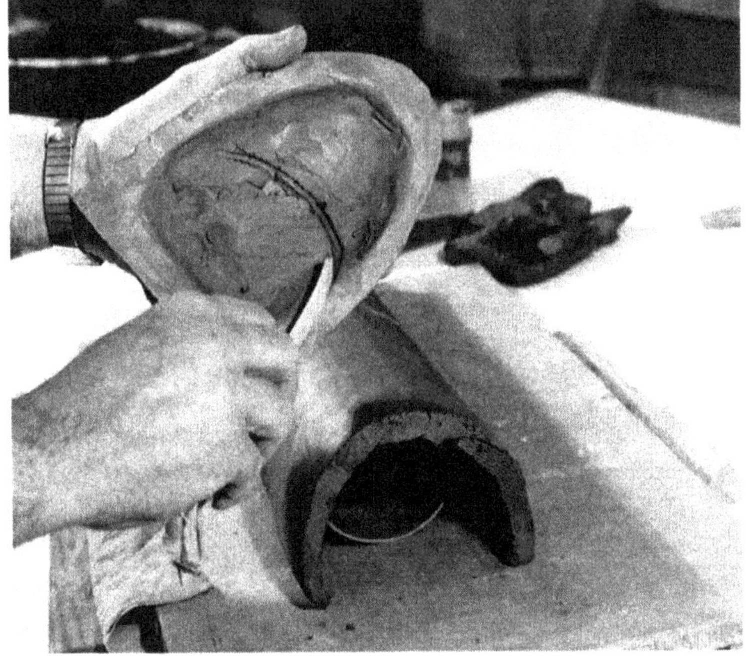

Fig.64.- Por algunos ejemplares hallados en Sagunto y Mérida, conocemos que las placas de las antefijas solían llevar una marca efectuada con un punzón en forma de arco de círculo. De este modo suponemos que el operario que vaciaba las piezas no era el mismo que el que las unía luego el ímbrice. Esta señal indicaba el lugar preciso en el que la teja debía añadirse a la placa.

4.2.5.- UNIÓN DE PIEZAS

A.- Descripción de la técnica

Una vez que los diversos elementos de una misma pieza (placa + ímbrice en el caso de las antefijas) se han dejado secar, se procede a la unión de sus partes mediante un raspado de la superficie de contacto y la adición de barbotina que sirve de adhesivo. En el caso de las antefijas, además, es preciso añadir dos rollos de arcilla, uno por dentro y otro por fuera de la teja, con objeto de conseguir una mayor cohesión, dado el peso específico que suelen tener estas piezas.

Todo este trabajo se debía realizar sin sacar la placa de la antefija de su molde o cuando ésta se encontrara a la dureza del cuero, de modo que dicha placa se deformara lo menos posible al contacto con la presión ejercida por la mano.

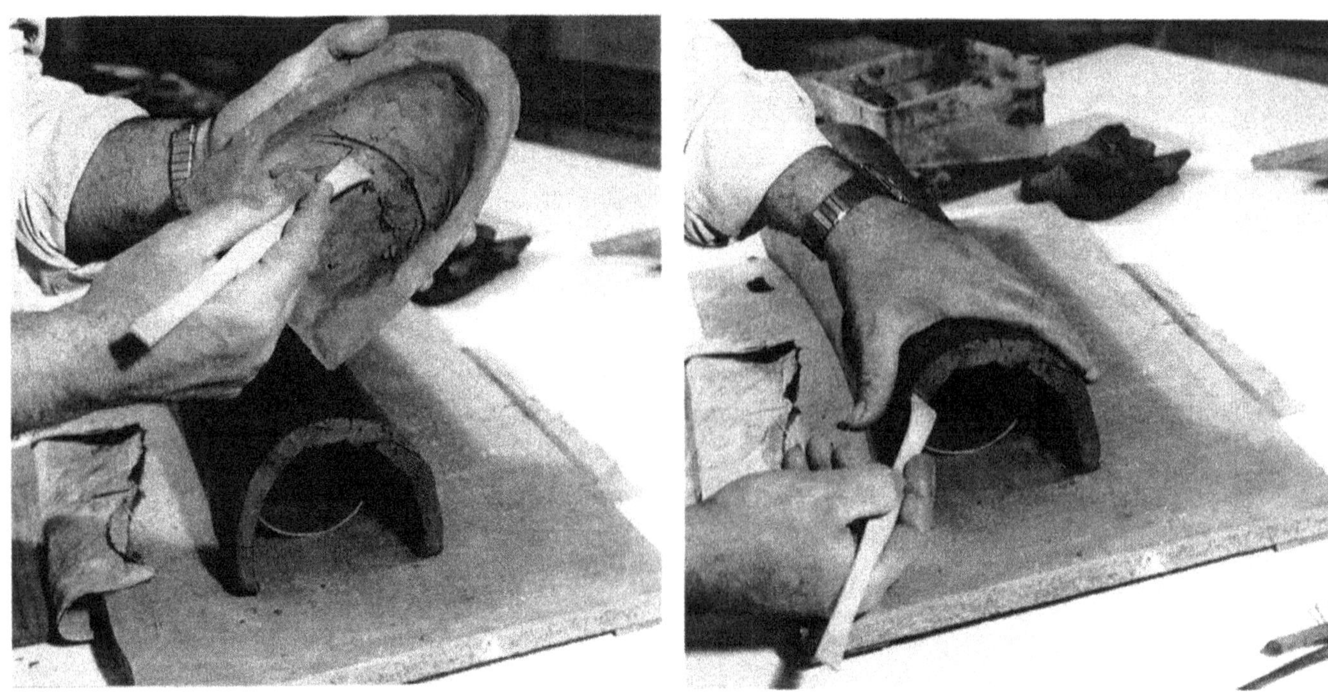

Fig.65.- Momento en el que se raya con la gradina la superficie de contacto de la placa de la antefija. En la foto de la derecha se procede de igual modo con la cara externa del ímbrice.

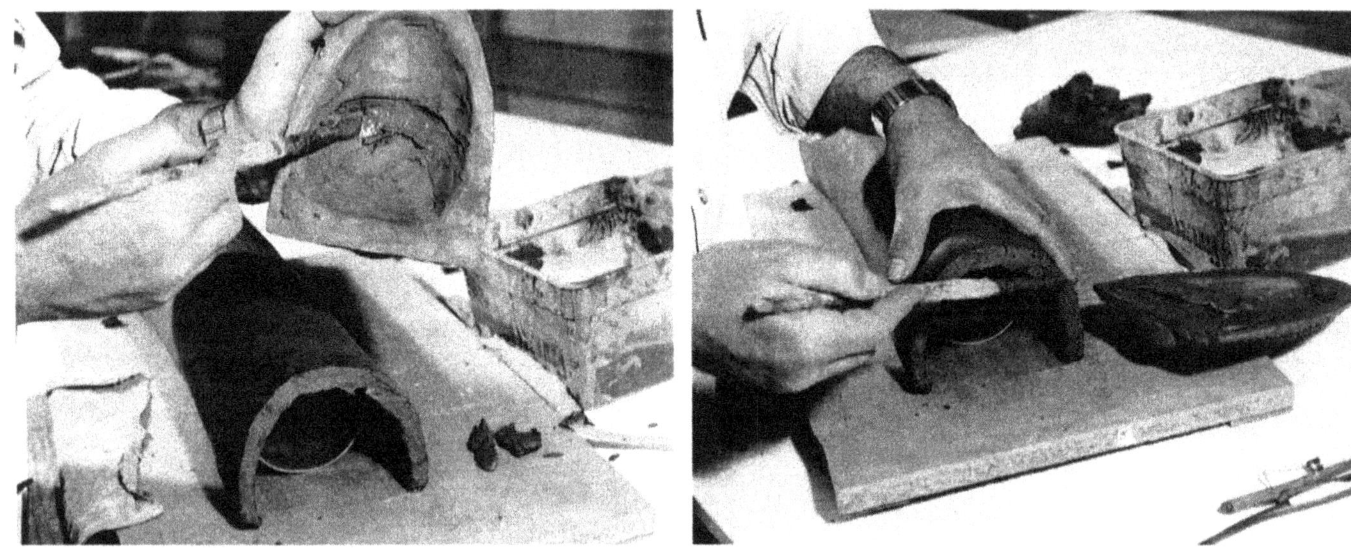

Fig.66.- Para completar la unión de la placa y el ímbrice, se aplica por medio de un pincel la crema de barbotina sobre la superficie previamente rayada de ambas partes.

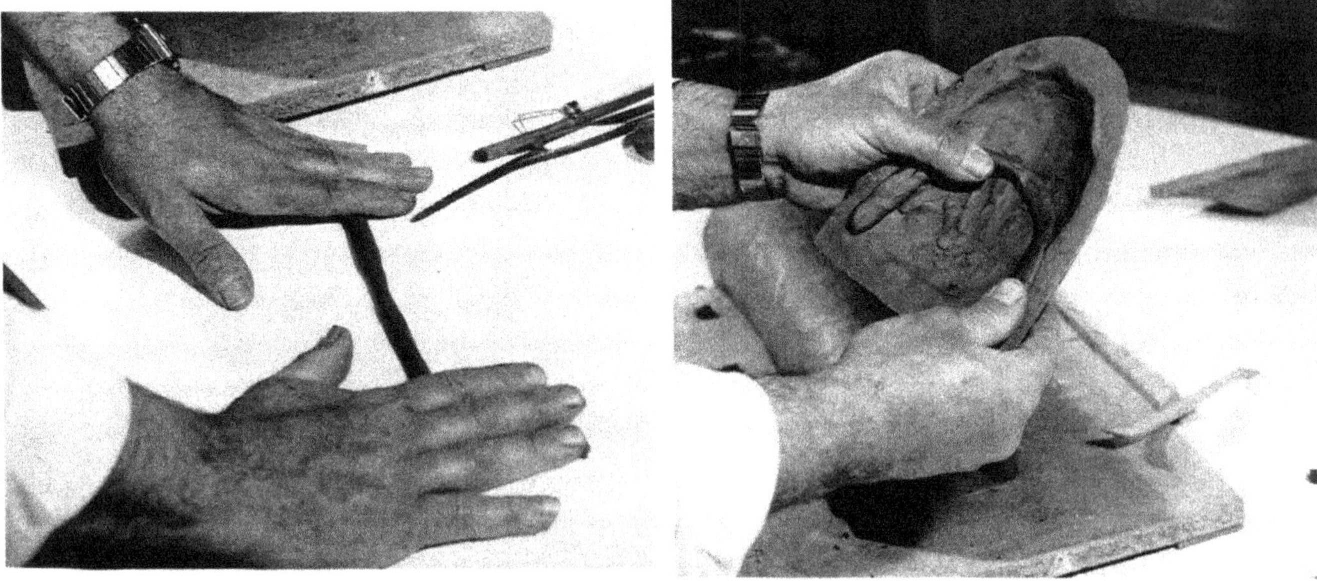

Fig.67.- En ocasiones para reforzar la cara posterior de la antefija se le añade un rollo de arcilla en la zona de unión con el ímbrice.

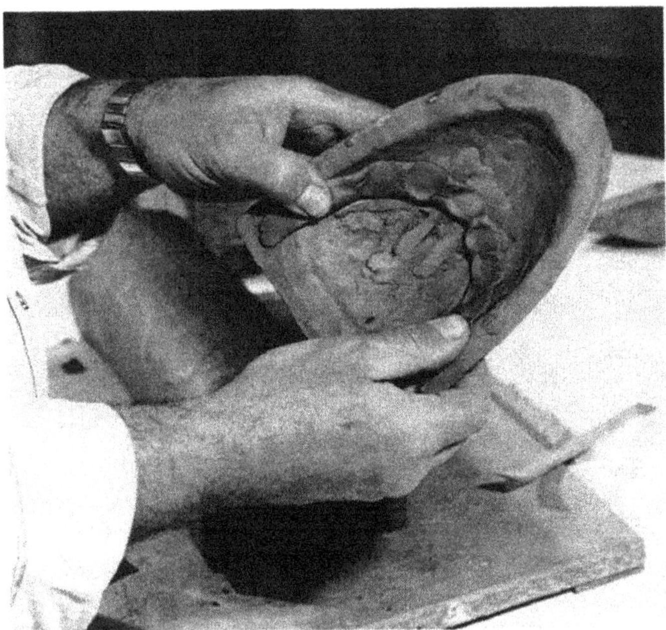

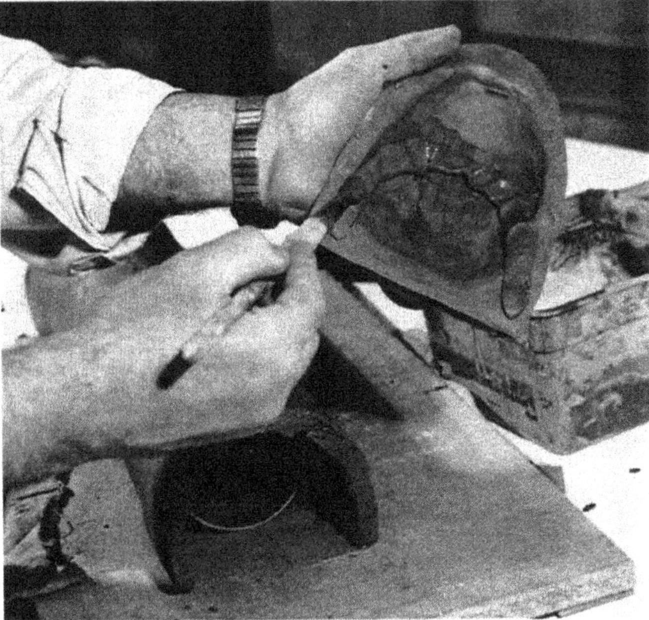

Fig.68.- Seguidamente se procede a digitar este rollo y de nuevo, como en los casos anteriores se le aplica la crema de barbotina.

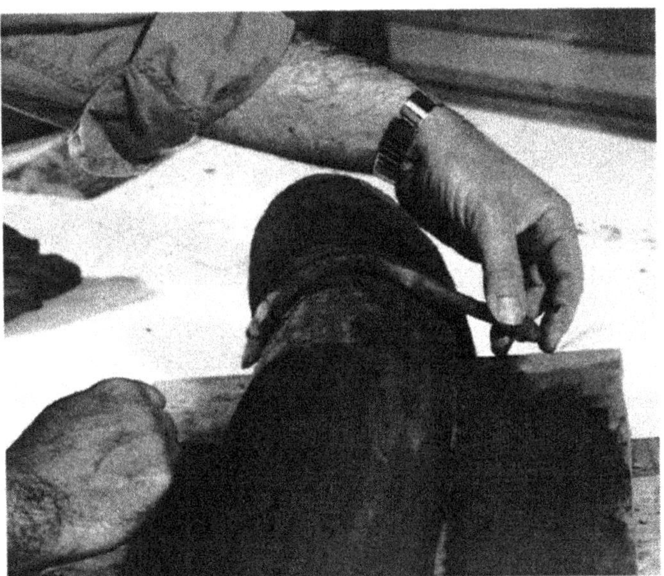

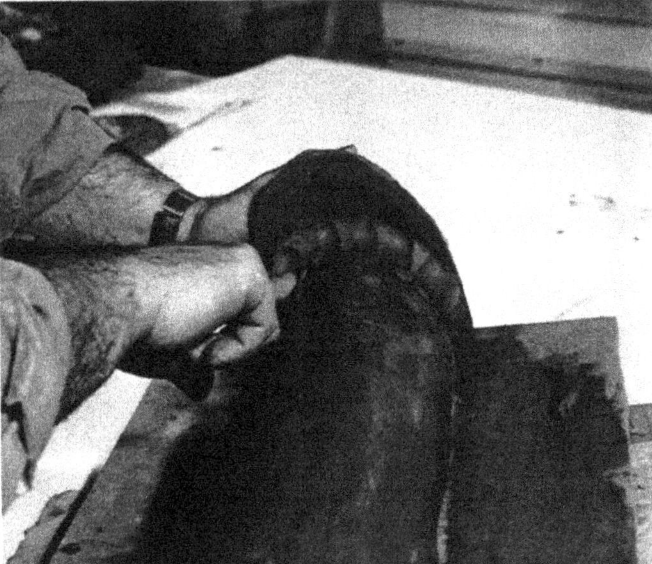

Fig.69.- Por último se añade el refuerzo de un royo de arcilla en la unión de placa e ímbrice, uno por fuera y otro por dentro de la teja.

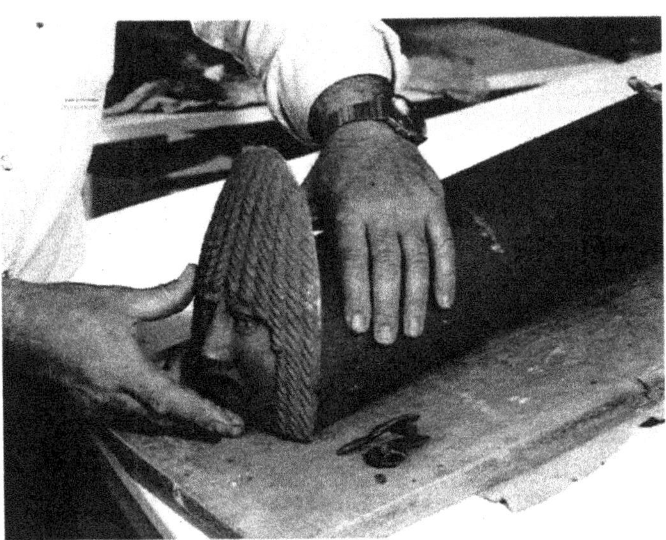

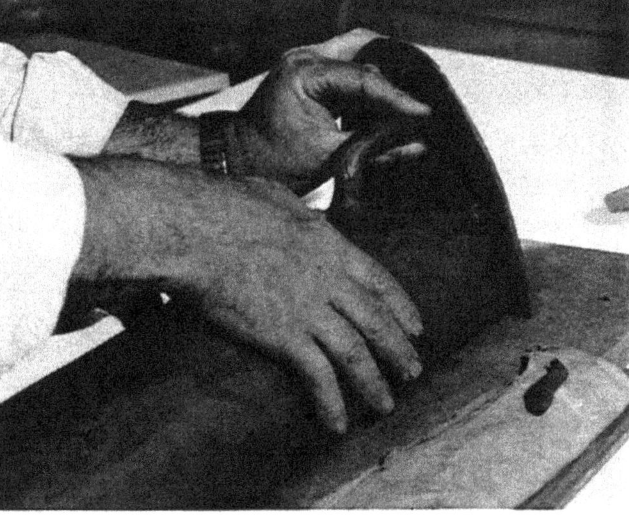

Fig.70.- Las fotos muestran el momento en que se finaliza el proceso de unión de la placa y el ímbrice. En ocasiones, como en esta pieza cuyo original se encuentra en el Museo Arqueológico Nacional de Madrid, era frecuente añadir un asa en aquellas placas que sobresalían demasiado por encima de la teja, a fin de evitar su rotura.

B.- Problemas que plantea

- Si se dejan secar excesivamente las diferentes partes de la terracota luego será imposible proceder a su unión.

C.- Materiales empleados

- Barbotina como adherente.
- Gradina o espátula para raspar la superficie de contacto.
- Arcilla fresca para realizar el rollo.
- Manos y dedos o espátula, para alisar la superficie de contacto.

D.- Criterios de identificación

- Observando la pieza se pueden detectar las zonas de unión, por estar engrosadas y reforzadas con arcilla.

- Si analizamos la cara posterior de las antefijas, es frecuente encontrar restos del trabajo efectuado sobre ellas para provocar una superficie rugosa que facilite la unión del ímbrice. Así se pueden observar espatulados de diferentes grosores, digitaciones, restos de rollos de arcilla con impresiones digitales, etc.

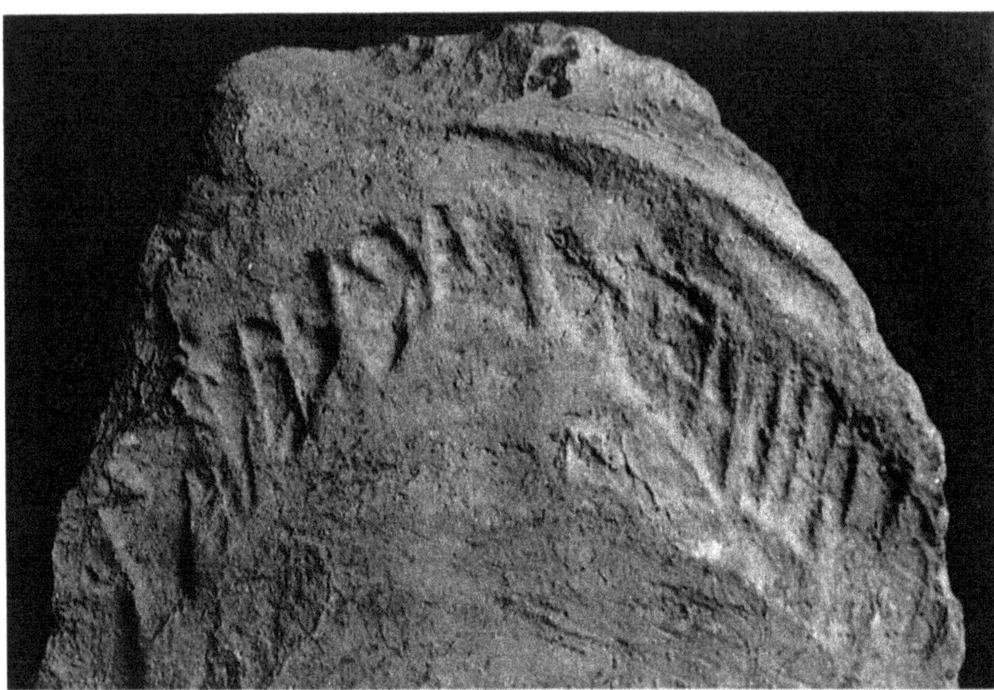

Fig.71.- Reverso de una antefija procedente de Tiermes (Soria), con restos de un espatulado fino en la zona de unión con el ímbrice.

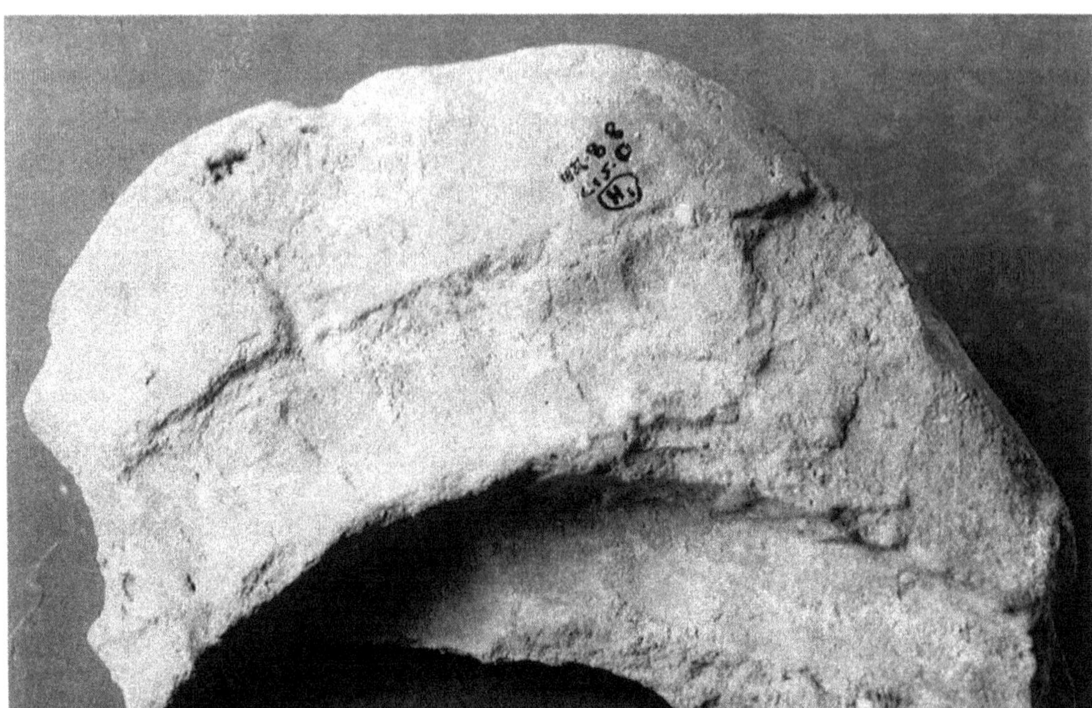

Fig.72.- Reverso de una antefija procedente de Uxama (Soria), en la que se muestra el trabajo dejado por una espátula ancha de cantos rectos.

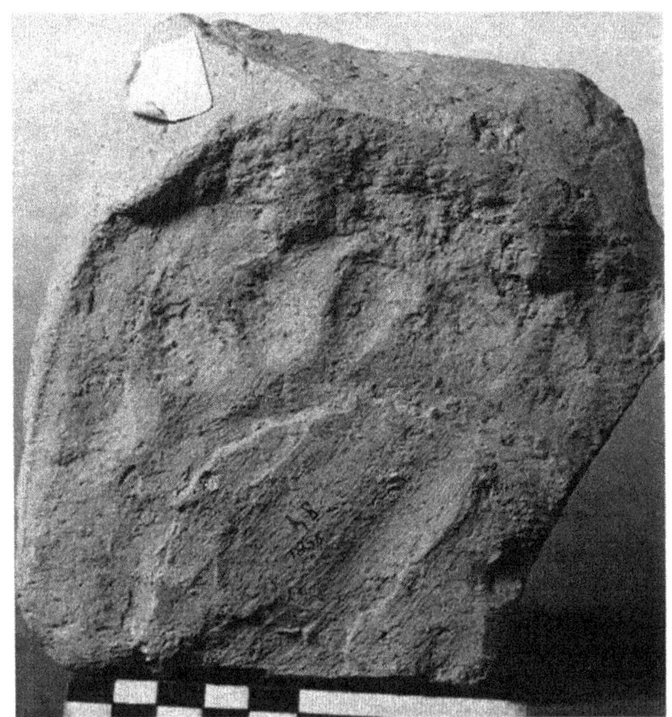

Fig.73.- Esta antefija procedente de Fuentes de Ebro (Zaragoza), muestra en su reverso una impresión digital en la zona de unión con el imbrice.

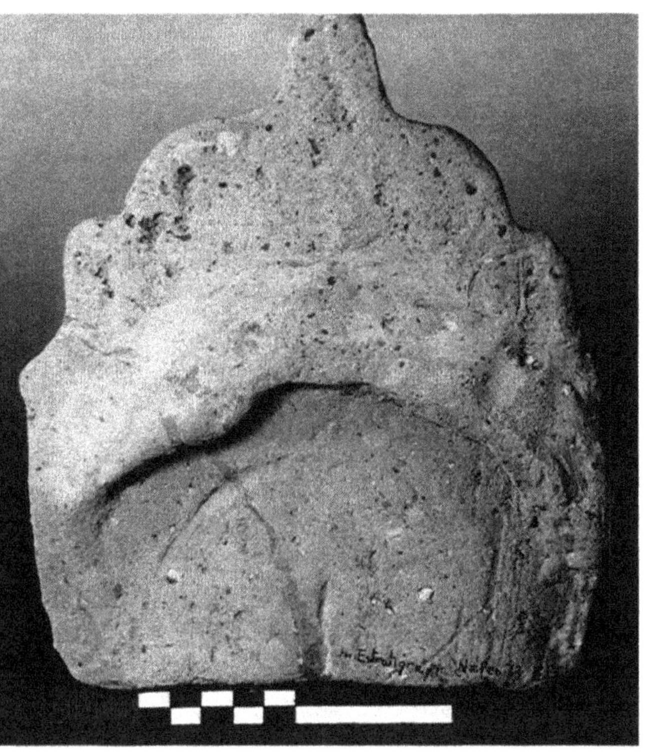

Fig.74.- Antefija procedente de Ampurias en la que se aprecia el rollo de arcilla digitada que sirve de refuerzo para unir el ímbrice. Obsérvese que éste ha sido colocado por encima de la línea en forma de cuarto de círculo marcada con un punzón.

4.2.6.-SECADO AL AIRE

Una vez que se ha procedido a la adición de las diferentes piezas de la antefija será preciso dejarla secar por completo antes de meterla en el horno, para evitar distorsiones, roturas o la separación de las partes añadidas.

El lugar más idóneo para este proceso será al aire libre, en una zona bien ventilada y bajo techado, para evitar la acción directa del sol, lo que puede precipitar un secado poco uniforme en las capas superficiales dejando aún tiernas las más profundas.

Es necesario colocar las terracotas sobre un soporte elástico que permita un secado gradual de las mismas, evitando así que se agrieten, ya que la superficie de contacto debe perder humedad gradualmente o de lo contrario se adherirá al soporte provocando deformaciones y roturas. Lo más habitual sería preparar la era de secado, como ocurre hoy en día en los alfares tradicionales, mediante el espolvoreado de ceniza o arena.

4.2.7.- RETEXTURADO

A.- Descripción de la técnica

Todas las terracotas arquitectónicas fueron alisadas con la mano por la cara porterior y en ocasiones, las menos, se las retocó. Para ello se dejaba secar la arcilla a la dureza del cuero y luego por medio de los diferentes palillos se retocaban y corregían algunas imperfecciones propias de una producción muy estandarizada, en la que la rapidez de ejecución era el factor común.

B.- Materiales empleados

- Manos, dedos y espátulas para alisar el reverso de las terracotas.

- Cuchillo, para cortar y rematar el contorno de las antefijas quitándoles las rebabas sobrantes.

- Punzón, empleado para retocar la parte figurada de la terracota y también para señalar la marca de producción (en ocasiones hemos hallado una marca en forma de aspa en la cara posterior de estas piezas) o el nombre del coroplasta.

- Listoncillo de madera, sirve para paletear la cara posterior de las terracotas alisando su superficie.

- Canutillo, Así hemos denominado al útil empleado para hacer leves incisiones en forma de círculos que adornan la cara externa de algunas piezas, éste pudo haberse confeccionado con una caña de bambú fina o de hueso.

C. Criterios de identificación

- A simple vista es fácil reconocer las marcas y texturas dejadas en la superficie del barro fresco, con los diferentes palillos de alfarero.

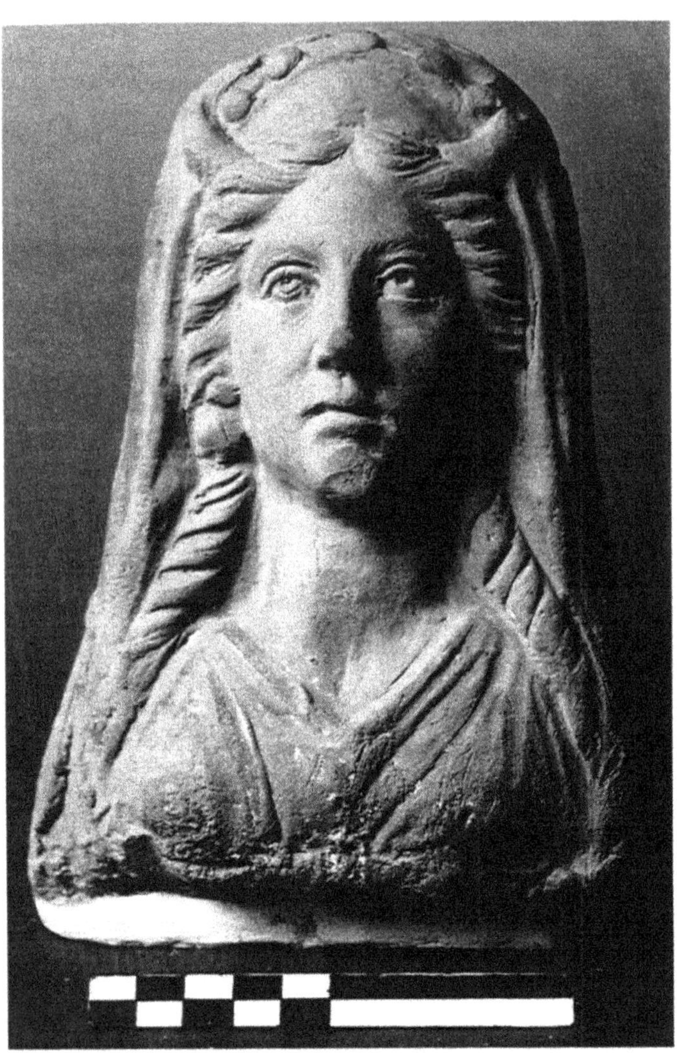

Fig.75.- Esta antefija procedente de Tarragona que representa a Diana Selene. Muestra en su ojo izquierdo un retexturado en la zona del iris, también presenta la realización de los orificios nasales por medio de un punzón. Esto contrasta con el descuido con el que fue elaborada, ya que ha recibido un golpe en la barbilla que no ha sido corregido.

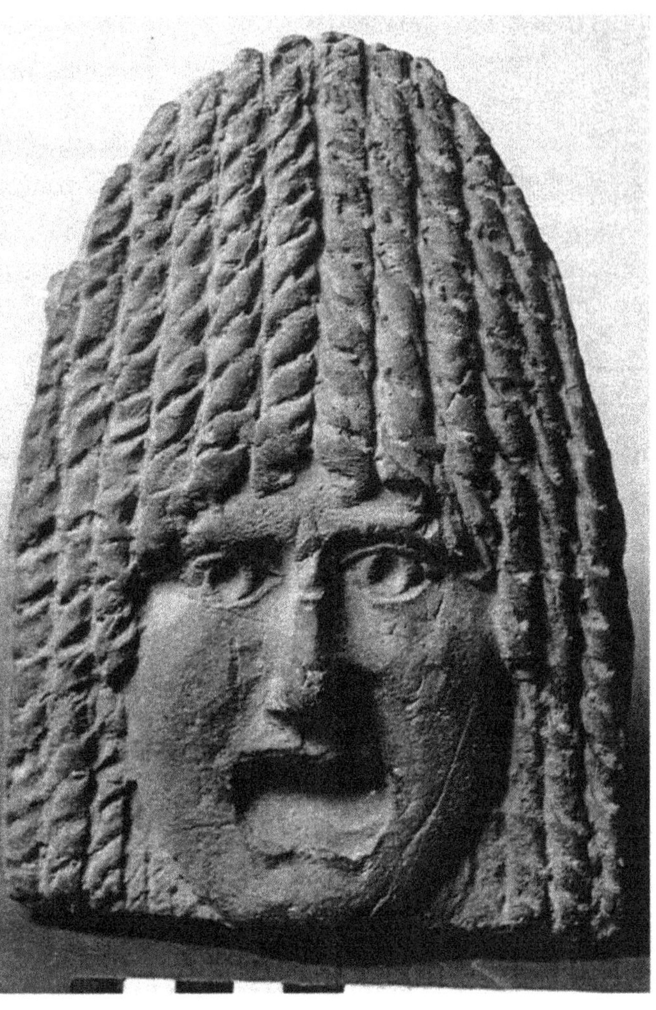

Fig.76.- Antefija de procedencia desconocida que se guarda en el Museo Arqueológico Nacional de Madrid. La pieza muestra una máscara trágica que no ha recibido ningún tipo de retexturado, cosa común entre las terracotas arquitectónicas.

4.2.8.- CERAMIZADO

A.- Descripción de la técnica

Se colocan las piezas terminadas en el interior de un horno cuyo tipo básico, empleado en aquella época, correspondía al más difundido de tiro vertical, llama libre, funcionamiento discontinuo y doble cámara (Juan, 1992, 74). La transmisión del calor se hace por convección, a través de las corriente que producen las llamas al pasar por un tubo o chimenea.

Nosotros no hemos podido cocer las piezas en un horno antiguo pero si hemos hecho pruebas a diferentes temperaturas. Los resultados de los análisis químicomineralógicos mostraron que las terracotas sufrían dos cocciones diferentes, la primera que es la que nos ocupa, es una cochura a una temperatura no superior a los 1150° C momento a partir del cual se destruyen las ilitas, presentes en las muestras estudiadas.

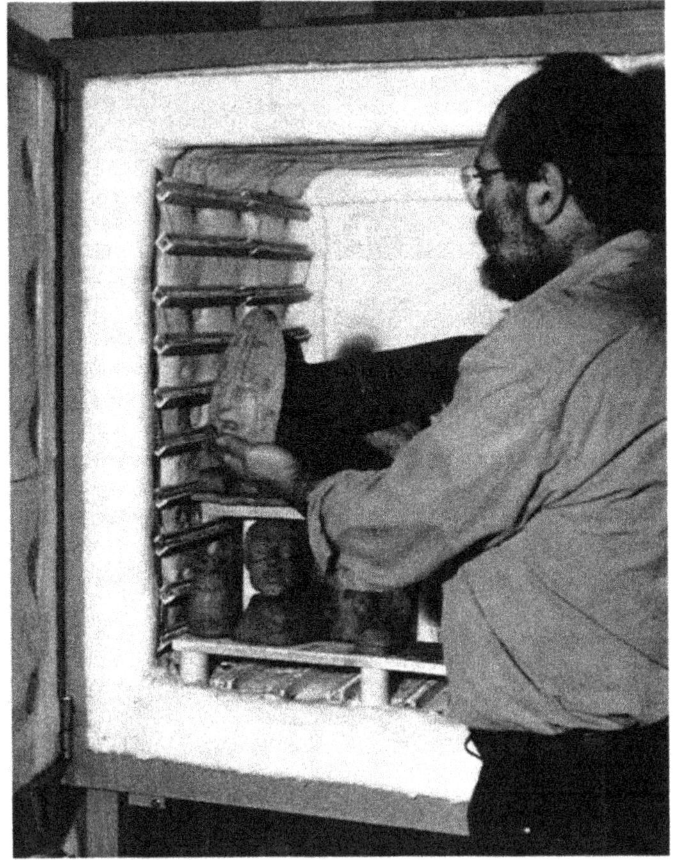

Fig.77.- Momento en el que se introduce la antefija en el horno eléctrico del taller de plástica.

B.- Problemas que plantea

- Si se introducen en el horno piezas que no hayan sido bien secadas, provocara el estallido de las mismas y la posible rotura de las terracotas próximas.

- Si la arcilla no ha sido adecuadamente amasada o depurada, quedando en su interior burbujas de aire o caliches, puede producirse la rotura de las terracotas.

- Una mala cocción provoca piezas ennegrecidas por la falta de oxígeno o pastas tipo bizcocho que son de dureza media y por tanto frágiles.

C.- Materiales empleados

- Horno de tiro vertical, llama libre, funcionamiento discontinuo y doble cámara.

D.- Criterios de identificación

- Al golpear la pieza se produce un sonido más o menos cristalino.

- No se degrada en contacto con el agua.

- El peso es más ligero en una terracota cocida que en una cruda, debido a la pérdida de agua.

- Al pasar la uña por la superficie de la terracota esta no se raya. Lo contrario que sucede en una cocción a baja temperatura (bizcochado 600°C).

- Los análisis químico mineralógicos por Difracción de Rayos X, mostraron que la temperatura del horno fue inferior a los 1150° C que es el grado de destrucción de las micas de tipo ilita, detectadas en la mayoría de las terracotas analizadas.

4.2.9.- APLICACIÓN DEL FONDO

A.- Descripción de la técnica

Las piezas una vez horneadas se recubren con una capa de cal rica en óxido de plomo, sustancia añadida para acentuar el color blanco de la cal, conocida por los alfareros con el nombre de celuza o albayalde. Este fondo se aplica por medio de un pincel o bien, si la pieza no es demasiado grande, por inmersión de la misma en el baño de cal.

B.- Problemas que plantea

- Si no se liga la cal con el óxido de plomo, ésta una vez cocida se degrada. El óxido sirve, además de para acentuar el color blanco, como fundente consiguiendo que la cal no se desprenda fácilmente de la superficie.

- El empleo de una cubeta inadecuada (de madera o vidrio) provoca la rotura de ésta por acción del calor que desprenden las piedras de cal.

- La cal es un material peligroso que al contacto con la piel produce quemaduras graves. Por lo que es necesario tomar las precauciones adecuadas.

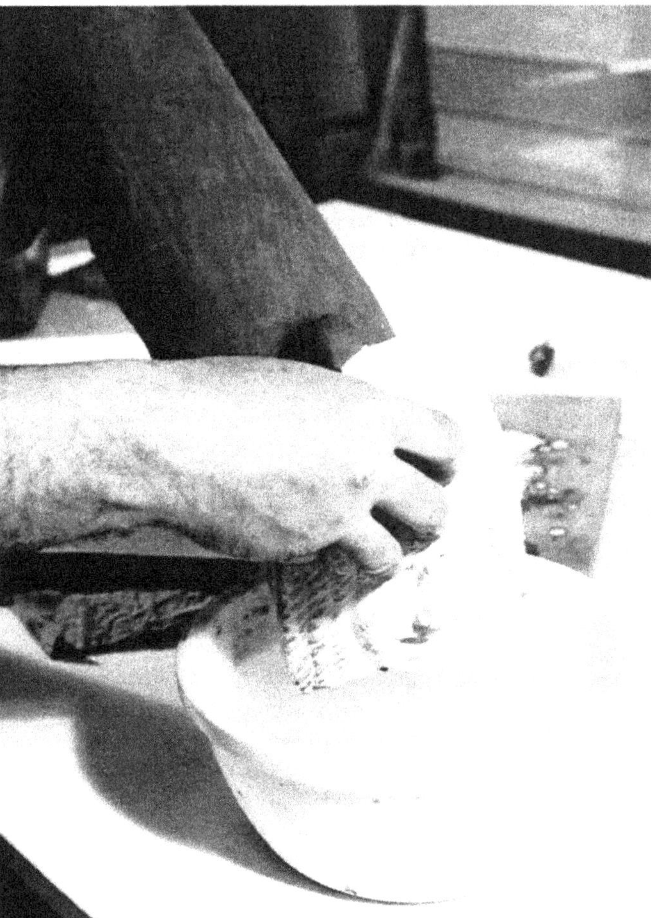

Fig.78-Reproducción en el taller de plástica, del baño de cal dado a la antefija una vez cocida. En este caso, en el que la pieza no es excesivamente grande, se aplica el baño por inmersión.

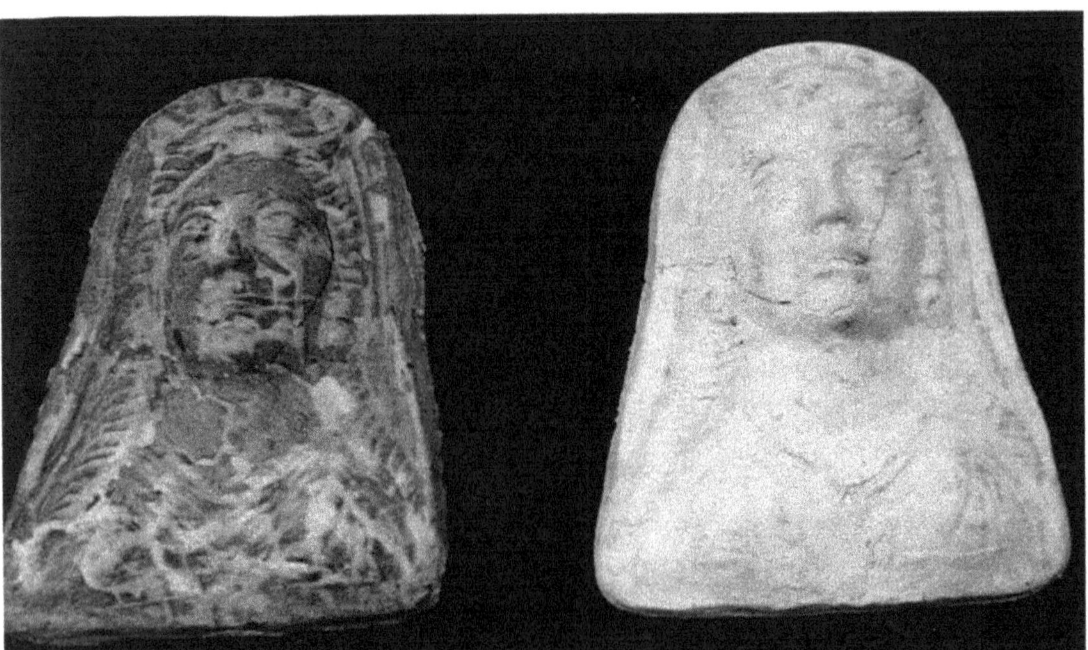

Fig.79.- En la imagen observamos dos terracotas a las que se les aplicó el fondo. La diferencia reside en que a la de la izquierda se le dió sobre la pieza en crudo, y a la de la derecha sobre la pieza ya cocida.

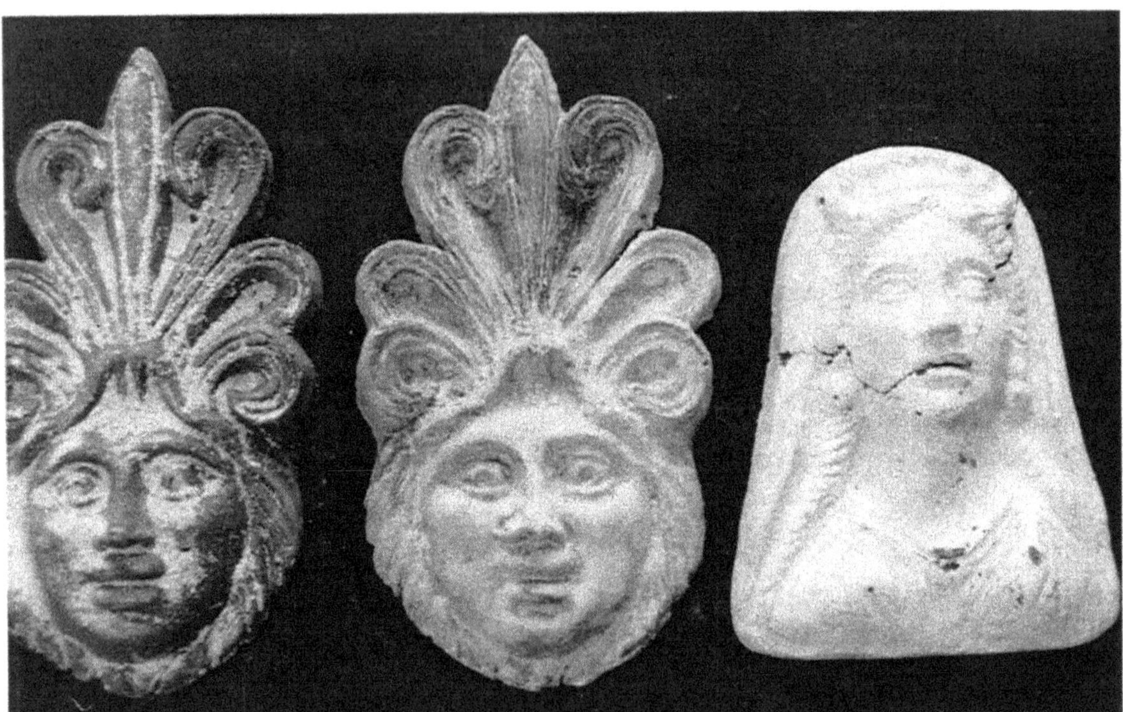

Fig.80.- La fotografía muestra tres piezas que han recibido un baño de cal. La primera por la izquierda recibió el baño sin óxido de plomo, el resultado una vez bizcochada la terracota, es que la cal se desprende simplemente con soplar sobre su superficie. La segunda, presenta el resultado de mezclar la cal con un 4 % de óxido, en esta ocasión la cal se fijó bien a la superficie pero no la cubrió por completo. Por último en la tercera terracota, se mezcló la cal con un 6 % de óxido de plomo, concentración esta que resultó ser la más indicada por su densidad.

C.- Materiales empleados

- Cal viva y óxido de plomo.
- Agua para disolver la cal.
- Balanza para pesar los materiales.
- Cubeta metálica o cerámica para disolver la cal en el agua.
- Palo de madera o cuchara, para disolver la cal muerta.
- Pinceles para aplicar la lechada de cal.

D.- Criterios de identificación

- La terracota presenta en ocasiones una gruesa capa de color blanco, otras veces es más fina. Un análisis químico puede determinar los componentes que la constituyen.

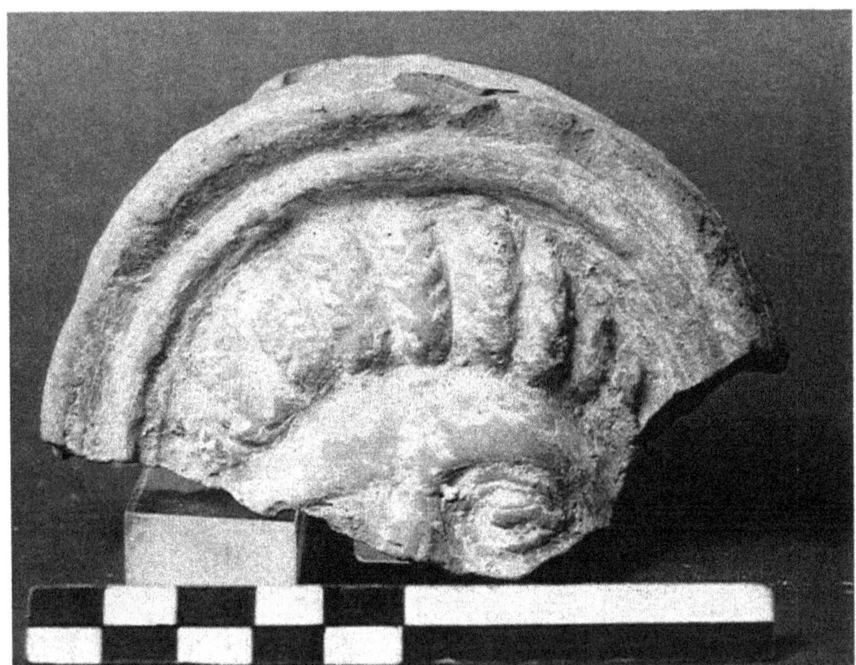

Fig.81.- Fragmento de antefija procedente de Tarragona en la que se observan restos del baño de cal.

4.2.10.- COCHURA

A.- Descripción de la técnica

Una vez que se ha aplicado el fondo blanco la terracota vuelve a meterse en el horno, esta vez para recibir una cochura no superior a los 950° C que es el grado de destrucción de los carbonatos hallados en la mayoría de las piezas analizadas. De esta manera se consolida la capa de cal, pues de lo contrario su vida sería efímera.

B.- Problemas que plantea

- Los mismos que se plantean para un ceramizado.

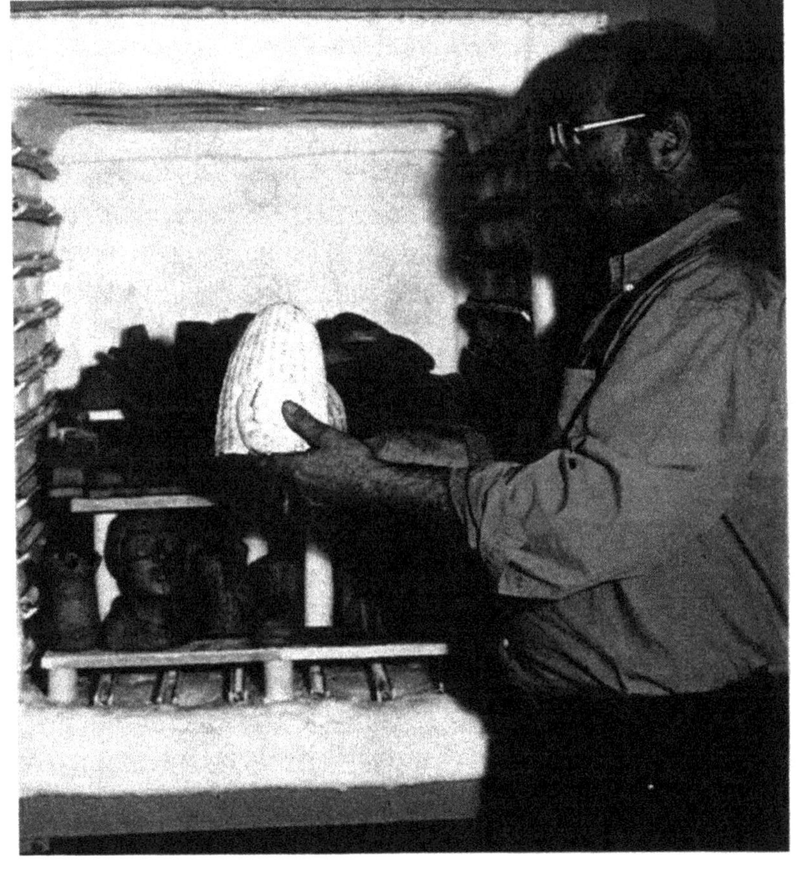

Fig.82.- La fotografía recoge el momento en el que la antefija, que previamente ha recibido el baño de cal, es introducida en el horno para someterla a una segunda cocción que fije dicha capa.

C.- Materiales empleados

- Horno de tiro vertical, llama libre funcionamiento discontinuo y doble cámara.

- Combustible: leña, hojarasca, ramas y frutos resinosos (piñas, etc.), estos últimos provocan una fuerte llamarada con gran energía calorífica lo que facilita el inicio de la combustión.

D.- Criterios de identificación

- Este tipo de tratamiento no muestra unos criterios específicos de identificación, salvo el estudio químico mineralógico de la cal, en la que se halló el óxido de plomo. A partir de los 950° C los carbonatos se destruyen, así pues el horneado que se daba a estas piezas para fijar la cal nunca superó esta temperatura, pero tampoco fue inferior a los 600° C, calor necesario para que se realizara óptimamente dicho proceso.

- En el caso de que la terracota hubiera sido solo bizcochada, salvando todos los procesos anteriores, los criterios de identificación son los siguientes:

- Al golpear la pieza se produce un sonido sordo.
- La terracota se degrada en contacto con agua.
- Pesa más que una terracota ceramizada, ya que ha liberado menos cantidad de agua.
- Al pasar la uña por la superficie de la pieza se raya.

4.2.11. POLICROMADO

A.- Descripción de la técnica

En las terracotas arquitectónicas parece ser que no se emplearon los colores ceramizados, al estilo de los utilizados en la policromía de las figuritas, ya que no hemos hallado por medio de la analítica los fundentes que así lo sugieran. Por ello es probable que se utilizara la encaústica, como método resistente a los agentes medio-ambientales. Esta técnica empleada para fijar la policromía, consiste básicamente en mezclar los colores con cera fundida. La cera virgen empleada en la preparación del encausto tiene un tono amarillo pálido, por lo que no será preciso decolorarla previamente, exponiéndola a la luz solar.

Los pasos a seguir serán los siguientes, primero se calienta la cera de abeja por medio de una llama. Los recipientes utilizados para ello deben ser esmaltados o estañados, para evitar que se oxiden al contacto con la cera fundida. Cuando la cera ha alcanzado su punto de fusión, al rededor de los 62° C, se le añaden los pigmentos reducidos a polvo, al objeto de que puedan mezclarse por igual. De esta manera se consigue una masa homogénea que ha de ser constantemente removida hasta que se aglutine en la cera. Para agitarla se empleará un utensilio de madera. Si se quiere que el encausto no espese demasiado y tenga fluidez se le pueden añadir pequeños porcentajes de disolventes (sebos, aceites o grasas). De esta forma el secado es más lento y se evita que la cera se endurezca mientras se impregna el pincel en el encausto y se aplica sobre la pieza.

Por este método señalado se obtiene una pasta de cera de color que se puede aplicar con pincel o espátula, dependiendo de su densidad. Una vez extendida la capa de encausto sobre la pieza, el trabajo puede completarse con los dedos, sobando la cera coloreada y fijándola por medio del calor de la mano, lo que le dará un acabado brillante.

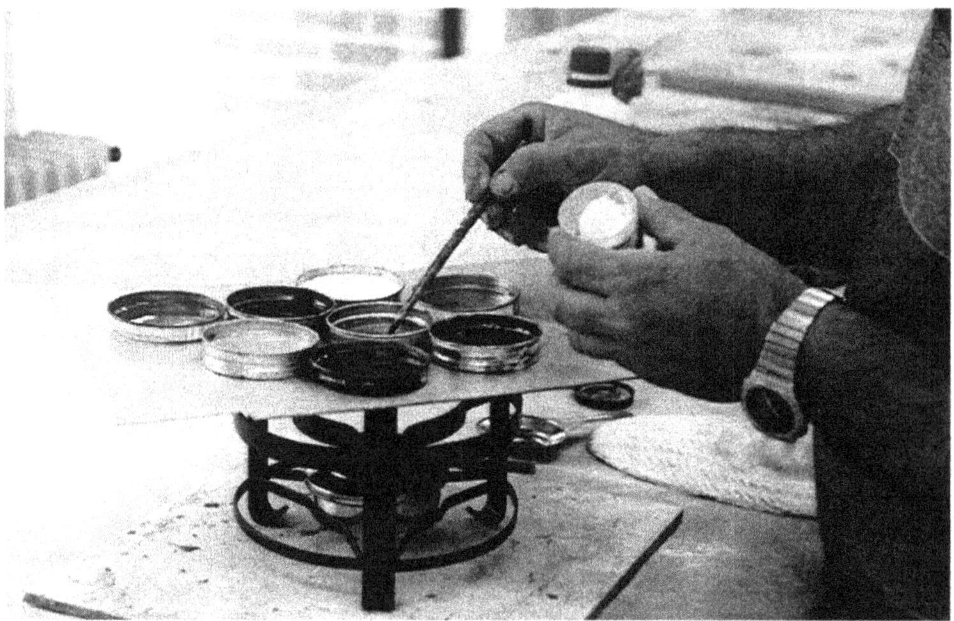

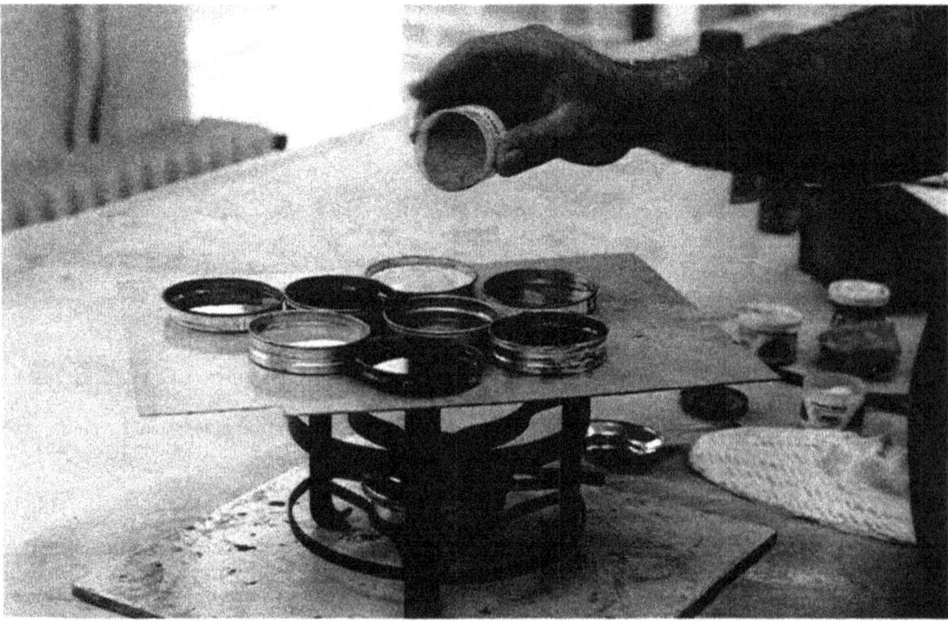

Fig.83.- En las imágenes se muestra la preparación de la encaústica. Arriba, preparación de la cera que ha de diluirse por medio de una fuente de calor. Abajo, se procede a mezclar la cera con los pigmentos minerales.

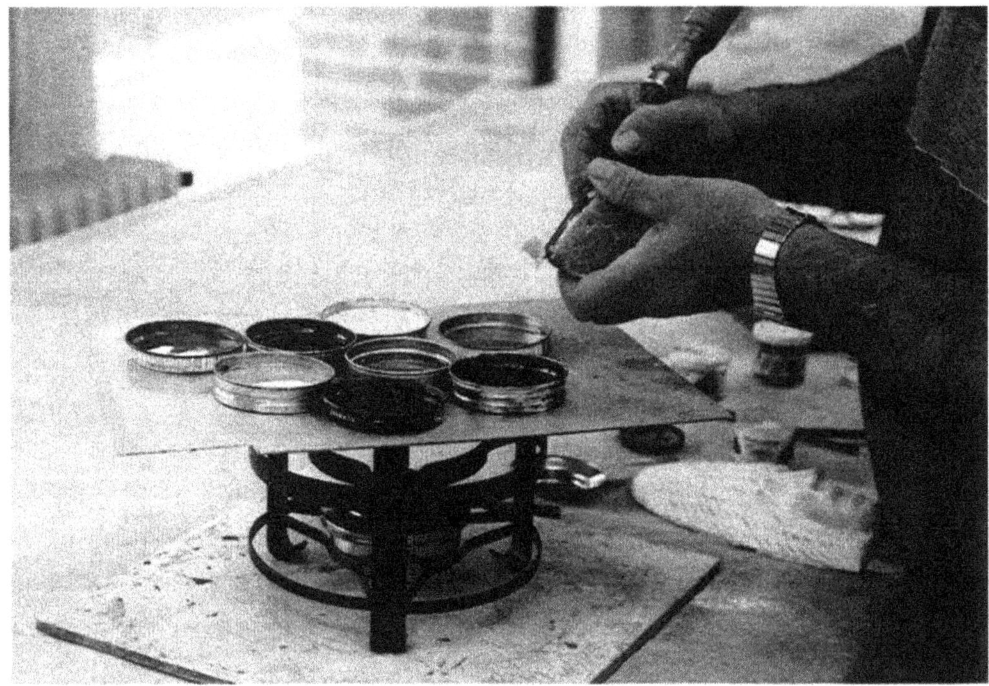

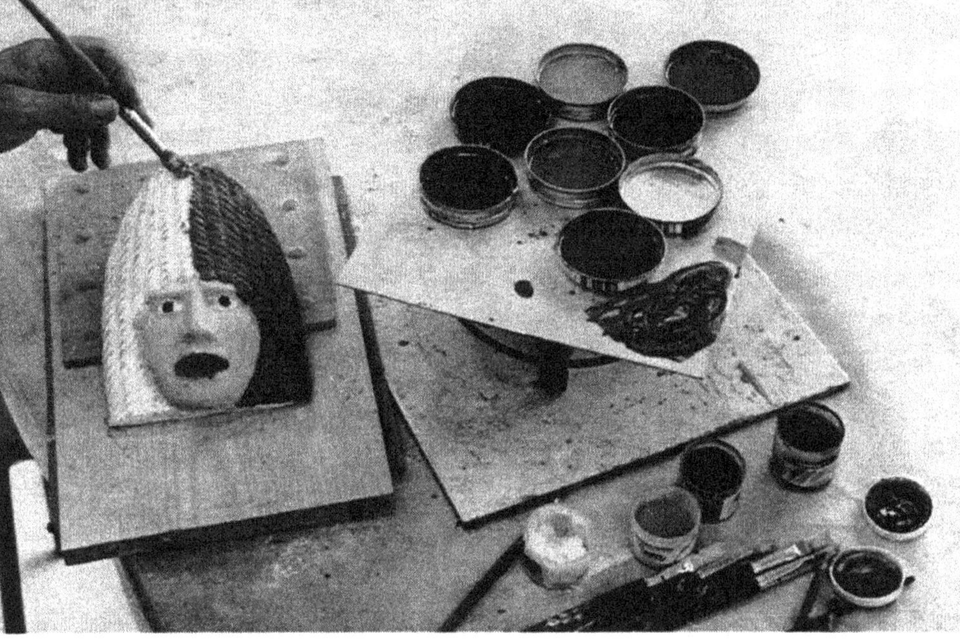

Fig.84.- Una vez mezclados los colores se les añade el sebo para hacerlos más fluidos. La foto inferior muestra la paleta de colores ya preparada, y la placa de una antefija en el transcurso del policromado.

B.- Problemas que plantea

- Si se utiliza un recipiente susceptible de oxidarse puede enturbiar la cera cambiando su color claro a uno pardo, lo que imposibilita obtener la tonalidad deseada por medio de los pigmentos elegidos.

- Otro problema es el empleo de cera vieja, es decir aquélla que tiene más de un año, ya que con el paso del tiempo ésta ha adquirido un color amarillo pardo. Ahora bien ésta puede blanquearse exponiéndola al sol durante varios días.

- El exceso de temperatura al fundir la cera provoca que ésta se queme perdiendo propiedades y tornándose de color pardo oscuro hasta el negro.

- No es conveniente utilizar en exceso los disolventes para fluidificar la cera, ya que ésta tardaría mucho en secar, pudiendo producirse un descolgamiento del encausto.

C.- Materiales empleados

- Cera de abeja.
- Pigmentos minerales (minio= rojo; óxidos de hierro= marrones; zinc= blanco; hematites= ocre claro; limonita= siena; cinabrio= rojo intenso; cobalto= azul y violeta; cadmio o cromo= amarillo; óxidos de cobre= verdes) u orgánicos (hueso calcinado u hollín= negro).
- Mortero para machacar los colores.
- Tamiz para tamizar el polvo obtenido de la morturación.
- Recipientes esmaltados o estañados.

- Una fuente de calor no excesivamente fuerte, mecha de cera,lucerna, vela, etc.
- Cuchara de madera para remover.
- Sebos, aceites o grasas animales para fluidificar el pigmento haciendo que su secado sea lento
- Espátulas y pinceles para la aplicación del color.

D.- Criterios de identificación

Desgraciadamente los dos criterios conocidos no se basan en la simple observación sino que en este caso hemos de recurrir a técnicas destructivas, nos referimos por una parte a los análisis químico mineralógicos y por otra a la aplicación de calor en una zona de la pieza, si esta funde lleva encáustica.

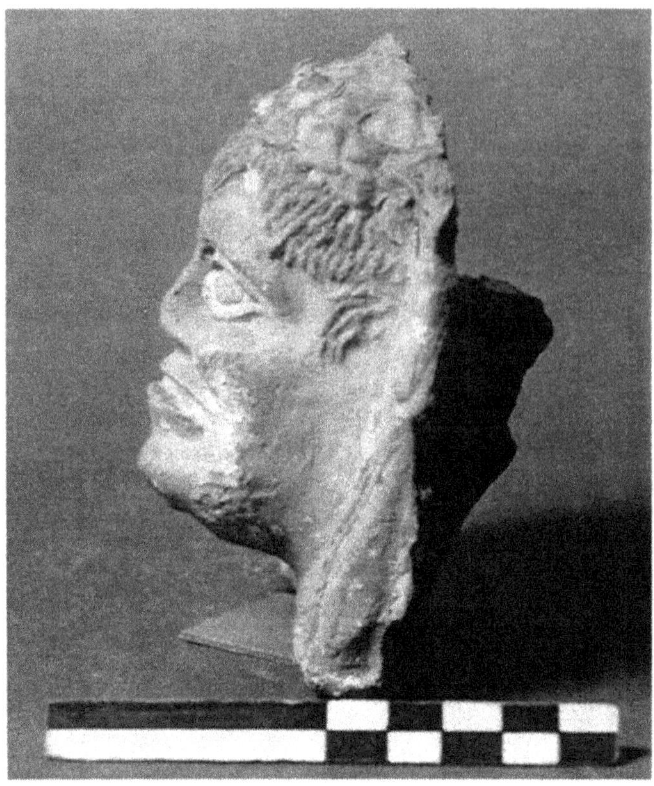

Fig.85.- Antefija que representa la cabeza de un sátiro procedente de Toledo. Sobre su cabello se aprecian los restos de coloración roja superpuestos a la lechada de cal.

5.- ANÁLISIS QUÍMICO-MINERALÓGICOS

Autores: *Raquel Vigil y Rosario García (Universidad Autónoma de Madrid)*
Jesús Setién y Mª Luisa Ramos (Universidad de Cantabria)

Hemos realizado una serie de análisis a diversas terracotas, tanto a figuritas como a los elementos arquitectónicos, con objeto de completar los datos de su manufactura. Para ello hemos recurrido a la técnica no destructiva de la Difracción por rayos X (DRX), ya que permite tomar una pequeña muestra suficientemente expresiva, sin que se altere la integridad del objeto. También hemos recurrido al análisis químico para completar la información ofrecida por la técnica anteriormente citada. Posteriormente hemos realizado una tentativa de observación de diversas muestras mediante la Microscopía Electrónica de Barrido.

5.1.- DIFRACCIÓN POR RAYOS X

El Análisis por Difracción de Rayos X se realiza de la siguiente manera. Las muestras objeto de estudio se reducen a polvo mediante mortero de ágata y se compactan para conseguir una pastilla susceptible de ser analizada en un difractómetro PhilipsPW 1035, empleando la radiación Kα del cobre, cuya longitud de onda es de 1.5405 A, se usó un filtro de níquel y la velocidad del goníometro fue de 1 grado por minuto. Se identificaron los picos, según el método de Brinley y Brown (1980, 317).

5.1.1.- FIGURITAS DE TERRACOTA

Se han tomado cuatro muestras de las figuritas procedentes del Museo Nacional de Arte Romano de Mérida (fig.86). Respecto a la composición mineral de las muestras, se observa que dos de ellas: nºs 17.926 y 16.755 se relacionan por presentar una mineralogía similar constituida por cuarzo y feldespatos potásicos, mientras que las muestras 11.251 y 6.114 están constituidas por cuarzo y plagioclasas. La separación en cuanto al tipo de feldespatos que se observa en estas muestras es indicativo del empleo del material originario de naturaleza distinta en su fabricación.

La ausencia de material plástico (filosilicatos de la arcilla) en la composición de estas pastas, puede indicar un tratamiento de cocción, superior a los 600° C e inferior a los 1100° C, temperaturas que se corresponden con el grado de fusión de los filosilicatos plásticos y de los feldespatos, respectivamente.

5.1.2.- TERRACOTAS ARQUITECTÓNICAS

Los análisis mineralógicos llevados a cabo en las terracotas arquitectónicas responden a más de un centenar de piezas (Ramos, 1996, pp.165-186) que fueron recopiladas durante la gestación de nuestra tesis doctoral. Sus resultados pusieron de manifiesto que en realidad todas las muestras analizadas eran muy semejantes, presentando como componentes fundamentales: cuarzo, feldespatos tanto sódicos (plagioclasas) como pótasicos (ortoclasas), micas de tipo ilita, carbonatos, anhidrita y yeso.

El cuarzo no se puede considerar exclusivamente como un indicativo de la tecnología de fabricación, ya que el cuarzo presente en las muestras puede provenir de dos fuentes distintas, una la materia prima utilizada (ya que la arcilla suele estar constituida por filosilicatos, cuarzo y feldespatos) y otra el desgrasante añadido, que resulta imposible de precisar. En algunas terracotas se aprecian fragmentos de chamota, empleados como desgrasantes en la preparación de arcilla, por lo que no hay duda de que su uso fue intencionado, y es uno de los pocos casos en que es posible probar con seguridad la intervención del alfarero en la composición de la masa arcillosa.

Respecto a los feldespatos hay una mayor presencia del feldespato potásico, frente al sódico. Estos elementos pueden considerarse como diferenciadores de los materiales originarios utilizados en la técnica de fabricación de las terracotas arquitectónicas, al indicar la presencia de uno u otro feldespato, o ambos a la vez.

La presencia de carbonatos obedece a la técnica de fabricación, el fondo que se da a las piezas está compuesto por una lechada de cal con óxido de plomo lo que acentúa su color blanco y sirve como fundente para la cocción posterior de la pieza.

Cabe destacar el hecho de que no siempre la antefija y su ímbrice tienen el mismo material de origen. Pero a la luz de las piezas analizadas no se puede determinar que se utilizaran selectivamente diversas arcillas para la manufactura de la placa o el ímbrice. Lo que sí se puede afirmar, es que se emplearon arcillas provenientes de diversas zonas, indistintamente, en la elaboración de una misma terracota.

Respecto a la temperatura de cocción parece razonable pensar que las terracotas arquitectónicas sufrieron dos cocciones, por una parte un ceramizado en el que la presencia de carbonatos muestra que la pieza se sometió a una temperatura con un límite no superior a los 1.150° C que es la temperatura de destrucción de las ilitas, y por otro lado a un bizcochado, después de haber sumergido la terracota en un baño de cal; esta segunda cochura no sobrepasaría los 950° C que es la temperatura de destrucción de los carbonatos, presentes en la mayoría de las muestras analizadas.

5.2.- ANÁLISIS QUÍMICOS

5.2.1.- FIGURITAS DE TERRACOTA

La composición química muestra diferencias respecto a los elementos que han podido ser utilizados como base de fondo blanco para una posterior aplicación de la pintura (figs. 87 y 88), así el plomo que pudo haber sido utilizado en el fondo para dar tonalidad blanca a la superficie de la cerámica que va a ser posteriormente pintada, presenta valores elevados en todas las muestras. Mientras que el zinc y níquel han podido ser usados de forma selectiva en la pintura dependiendo de la tonalidad que se perseguía. En el caso del zinc que da color blanco, es probable que se utilizara también para modificar los colores de los óxidos (así en presencia de cromo y plomo da tonos marrones, o con el cobalto y el cobre se obtienen azules y verdes, respectivamente), presenta un valor elevado en la muestra 6114. Mientras que el níquel utilizado en pinturas para conseguir tonalidades azul-verdosas, presenta valores elevados en tres de las muestras estudiadas (17926, 11251 y 6114).

Estos contenidos en elementos minoritarios, zinc, plomo y níquel, indican una manipulación de la pasta cerámica sometida a tratamiento de pintura, en la que se observa que en general, el plomo se ha utilizado en todas las pastas, posiblemente en el fondo, mezclado con la lechada de cal.

Se cree que todos los colores empleados eran de tipo cerámico, porque los análisis muestran la presencia de cuarzo y feldespatos. Dichos elementos forman parte de los silicatos empleados como fundentes en la aplicación de los pigmentos minerales.

5.2.2.- TERRACOTASARQUITECTÓNICAS

Los análisis químicos (Ramos, 1996, pp.187-191) mostraron que el contenido en óxido de hierro fluctúa entre el 3% y el 6%, lo que justifica el color pardo que presentan todos los materiales investigados.

Respecto al zínc, hierro y cobre son minerales que pueden considerarse como indicativos del material originario o como elementos añadidos intencionadamente en el proceso del policromado, para obtener nuevas gamas de color.

La presencia de óxido de plomo en porcentajes altos pone de relieve que se trata de un elemento que además de formar parte del material originario, se utilizó como fundente añadido a la lechada de cal.

5.3.- MICROSCOPÍA ELECTRÓNICA DE BARRIDO

Hemos empleado esta técnica para ver en detalle la estructura interna de algunas piezas, lo que nos ha reportado una mayor información en lo que se refiere a su manufactura.

El microscopio electrónico de barrido (SEM) es uno de los instrumentos más versátiles empleados para el examen y análisis de las características microestructurales de los objetos sólidos. La razón fundamental de su utilidad radica en la alta resolución que puede alcanzarse para la observación de ciertos elementos de interés, así como en su gran profundidad de campo lo que muestra una imagen tridimensional de gran definición. Estas ventajas añadidas a la rapidez en las determinaciones composicionales, nos muestran un interesante método que unido a otras técnicas, completan la información de la muestra analizada.

Las observaciones han sido realizadas a través de un microscopio electrónico de barrido JEOL JSM-5800 LV; se trata de un aparato de última generación que puede operar en condiciones normales y en condiciones de bajo vacío. Las muestras no conductoras pueden ser observadas sin necesidad de metalizado previo, dejando inalteradas sus propiedades. En condiciones óptimas de funcionamiento la resolución del equipo puede alcanzar los nanómetros si bien las muestras convencionales permiten resoluciones del orden de la micra.

Otra característica del microscopio, que ha nosostros nos ha resultado de interés, es la posibilidad de obtener fotografías tipo Polaroid, además de poder analizar localmente la muestra en aquellos puntos de interés que se estén visualizando en tiempo real, siendo por tanto una herramienta muy poderosa en la caracterización de materiales.

Uno de los aspectos fundamentales a tener en cuenta a la hora de seleccionar y preparar una muestra para su observación, es que la cámara del microscopio limita intrínsecamente el tamaño de la muestra a analizar. Con carácter general muestras de tamaño superior a 50 mm x 50 mm x 50 mm no son recomendables. En nuestro caso esto no supone ningún problema, dado que normalmente debemos de analizar muestras muy pequeñas, para evitar cualquier deterioro grave de la pieza original. En cuanto a los tamaños mínimos, exigidos para observar una muestra a través del SEM, la única limitación es la impuesta por las propias dificultades de manipulación inherentes a la muestra.

Respecto a la utilidad de analizar nuestras muestras en el SEM, hemos llegado a la conclusión de que un análisis global de su aspecto externo nos puede asesorar respecto a la manufactura empleada, si se ha utilizado la técnica del estampillado (fig.89) o la de la colada de barbotina (fig.90). Ahora bien algunos se preguntarán por qué utilizamos un método tan sofisticado, cuando en muchas ocasiones es posible saber a simple vista cual fue la técnica empleada. No hemos de olvidar que en ocasiones es difícil apreciar en las figuritas enteras cual fue su técnica de fabricación, ya que en muchas ocasiones se hace difícil poder ver en su interior por el orificio dejado en la base de la peana. Nosotros hemos elaborado un juego de pequeños espejos que nos permiten adentrarnos en el interior de las piezas, pero aún así muchas veces resultan difícil de observar las paredes internas de las mismas, que son las que nos ofrecen toda la información respecto a como fueron creadas. Por ello estos análisis son de suma importancia, ya que con quitar una pequeña esquirla de la superficie interna del objeto, es suficiente para efectuar un análisis puntual de la misma.

A continuación mostramos dos fotografías que presentan diferentes técnicas de fabricación. Realizadas a 50 aumentos, nos ilustran sobre la manufactura del estampillado y la colada de barbotina. Estas muestras han sido tomadas de terracotas realizadas en nuestro taller de plástica, una vez cocidas.

Nº inv.: 17926	Cuarzo: 65%	Feldespato Potásico: 35%
Nº inv.: 11251	Cuarzo: 90%	Feldespato Sódico: 10%
Nº inv.: 16755	Cuarzo: 90%	Feldespato Sódico: 33%
Nº inv.: 61114	Cuarzo: 67%	Feldespato Sódico: 33%

Fig.86.- Tabla de análisis semicuantitativo de Difracción por Rayos X, de muestras tomadas a diferentes figuritas de terracota procedentes de Mérida.

Nº inv.	**Fe_2O_3**	**K_2O**	**MnO_2**	**Na_2O**
17926 14.11	3.67 %	0.06 %	1.12 %	
	Cu	**Zn**	**Pb**	**Ni**
	<1 ppm	84 ppm	80 ppm	91 ppm
	CaO	**MgO**		
	0.05 %	0.70 %		
Nº inv.	**Fe_2O_3**	**K_2O**	**MnO_2**	**Na_2O**
16755 8.50	4.20 %	0.01 %	2.31 %	
	Cu	**Zn**	**Pb**	**Ni**
	<1 ppm	41 ppm	123 ppm	102 ppm
	CaO	**MgO**		
	0.03 %	0.86 %		

Fig.87.-Análisis químicos de muestras tomadas a dos figuritas de terracota procedentes de Mérida.

Nº inv.	**Fe_2O_3**	**K_2O**	**MnO_2**	**Na_2O**
112518.88	4.39 %	0.04 %	3.89 %	
	Cu	**Zn**	**Pb**	**Ni**
	<1 ppm	69 ppm	168 ppm	58 ppm
	CaO	**MgO**		
	0.11 %	0.63 %		
Nº inv.	**Fe_2O_3**	**K_2O**	**MnO_2**	**Na_2O**
6114	7.96 %	3.35 %	0.04 %	5.19
	Cu	**Zn**	**Pb**	**Ni**
	<1 ppm	159 ppm	238 ppm	80 ppm
	CaO	**MgO**		
	0.06 %	1.00 %		

Fig.88.-Análisis químicos de muestras tomadas a dos figuritas de terracota procedentes de Mérida.

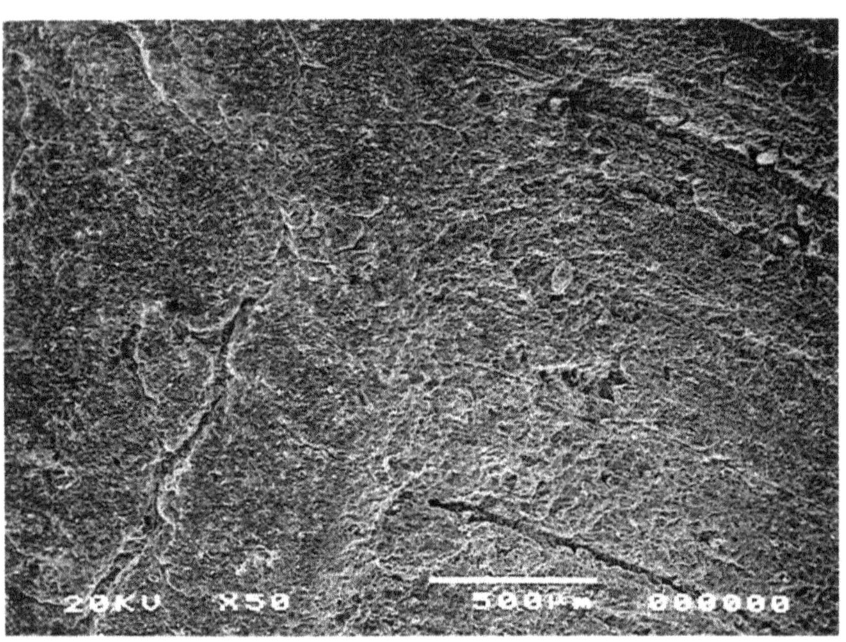

Fig.89.- Fragmento de la cara posterior de una terracota realizada con la técnica del estampillado. Obsérvense a la derecha de la foto las líneas de arrastre dejadas por los desgrasantes sobre la arcilla tras la presión ejercida por los dedos, así como el aplastamiento de las partículas.

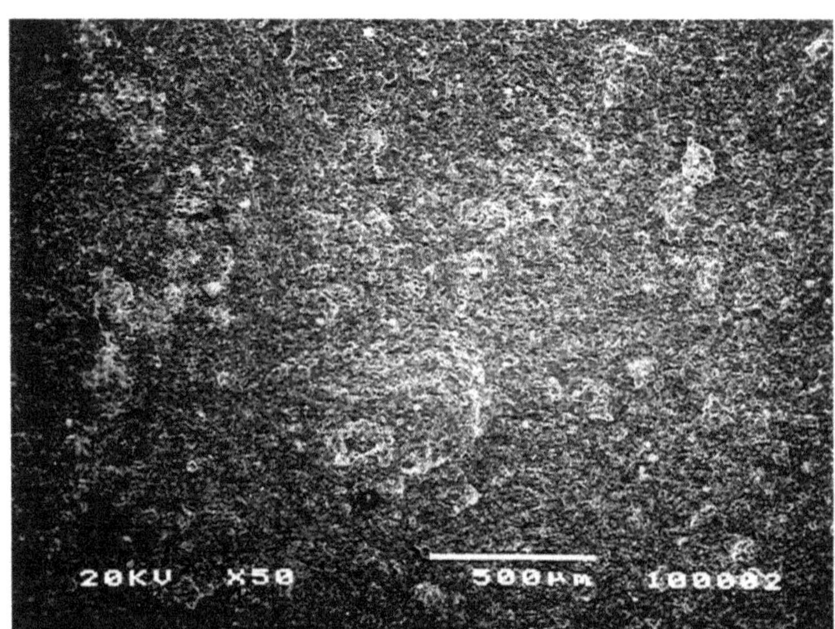

Fig.90.- Fragmento de la cara posterior de una terracota realizada mediante colada de barbotina. La foto muestra una superficie que no ha sido alterada por la presión de los dedos, como en el caso precedente, aquí las partículas de la arcilla han sido sedimentadas.

6.- GLOSARIO

BARBOTINA: Arcilla líquida más bien cremosa que sirve para adherir entre sí diversos trozos de barro. También es utilizada para el vaciado de moldes, es lo que se conoce como colada de barbotina.

BURIL: Herramienta afilada cuyo extremo tiene forma angular.

CALICHE: Nódulo de cal que mezclado con la arcilla puede hacer reventar la terracota durante la cocción por su diferente grado de dilatación.

CHAMOTA: Arcilla cocida y molida en granos de distinto grosor que se usa como desgrasante en las pastas arcillosas para disminuir la merma durante el secado, especialmente en el modelado de piezas de grandes dimensiones. Se trata de un óptimo desgrasante ya que no aporta ningún cambio en la composición química de la masa arcillosa.

BIZCOCHADO: Cocción de las terracotas entre los 600 y 800ºC

CELUZA: Cal mezclada con óxido de plomo que se utiliza como fondo para las terracotas.

CERAMIZADO: Cocción de las terracotas a una temperatura superior a los 800ºC.

COCHURA: Recibe este nombre el proceso por el cual se somete la arcilla a la acción de un calor constante y controlado dentro de un horno.

CUCHILLO: Palillo aplanado de filo cortante empleado para cortar la arcilla.

DESFLOCULANTES: Partículas de carbonato y silicato sódico que mezcladas con la arcilla reaccionan proporcionando a la barbotina la consistencia adecuada para el vaciado.

DESGRASANTES: Son diversos elementos minerales (cuarzo, chamota, sílice, micas feldespatos) que añadidos a la arcilla disminuyen su grado de plasticidad, dando a la masa arcillosa mayor nervio y resistencia.

DUREZA DEL CUERO: Para que la arcilla sea plástica pero no se adhiera a las manos del que la trabaja, ha de evaporar gran parte del agua sobrante hasta obtener un grado de plasticidad que recuerda a la del cuero, por su dureza.

ENCAUSTO: Técnica utilizada para aplicar el color por medio de cera fundida.

ESTAMPILLADO: Acción que consiste en presionar una peya de barro sobre un molde.

ESPÁTULA: Paleta flexible de diferentes tamaños y escaso grosor.

FUNDENTES: Son unos componentes que provocan la fusión de los otros ingredientes del cuerpo cerámico. En nuestro caso se tratra de silicatos con arenas, caolín u óxidos de zinc que mezclados con los pigmentos minerales (óxidos metálicos), sirven para que estos se fijen, por medio del calor, a la superficie de la terracota.

GRADINA: Instrumento en forma de cincel cuyo borde de corte tiene forma de peine.

LLAVE: Zona de gran relieve con diversos ángulos, en la que no es posible extraer el molde de una sola vez sin peligro de rotura.

MOLDE MÚLTIPLE: Es el molde formado por más de dos valvas.

MOLDE SIMPLE: Es el molde constituido por una sola valva.

PEYA: Arcilla amasada y preparada para su aplicación.

PUNZÓN: Herramienta de sección cilíndrica y punta afilada.

RASPADOR: Herramienta ancha con su borde cortante en forma de peine

RETEXTURADO: Acción de imitar la textura de la pieza extraída del molde, de manera que se asemeje al original.

TRÉPANO: Instrumento metálico con mango de madera que finaliza en un hilo grueso doblado sobre sí mismo. Se emplea para rebajar y vaciar la masa arcillosa.

VALVA: Piezas de las que se compone un molde. En caso de que el molde sea múltiple es necesario que ambas piezas se unan por medio de unas hembras y machos dejadas al efecto. De este modo las valvas quedaran bien encajadas evitando su deslizamiento en el transcurso del vaciado .

7.- BIBLIOGRAFÍA

- **ADAM, J.P., 1984**: *La construction romaine*. Edt. Picard. París.

- **ABAD CASAL, L.,1982**: "Algunas consideraciones sobre los colores romanos y su empleo en la pintura", 397-406. *Homenaje a Sáenz de Buruaga*, Edt. Institución cultural Pedro de Valencia y Excma. Diputación Provincial de Badajoz. Madrid.

- **ABAD CASAL, L., 1982**: "Aspectos técnicos de la pintura mural romana", 135-171. *Lucentum*, I. Edt. Universidad de Alicante. Alicante.

- **ANSELMINO, A., 1977**: *Terrecotte architettoniche dell' Antiquarium Comunale di Roma: antefisse*. Edt. X Ripartizione Antichitá, Belle Arti e Problemi della Cultura, Roma

- **BLANCHET, A., 1983**: "Les figurines en terre cuite de la Gaule Romaine", *Revue arcchéologique Sites Hors Serie*, 22, Avignon.

- **BEMON, C., JEALIN, M., LAHAINIER, C., 1993**: *Les figurines en terre cuite gallo-romaines*, Documents d'Archéologie Française, 38, París.

- **BRINLEY y BROW, 1980**: *Cristal structures of clay minerals and their X-Ray Identification*. Edt. Jhon & sons. Londres.

- **BRONGNIART. A, 1844**: *Traité des Arts Céramiques ou des Poteries*, Edt. Bechet-Matthias, París.

- **CARUSO, N., 1986**: *Cerámica viva: manual práctico de la técnica de elaboración cerámica antigua y moderna de Oriente y Occidente*. Edt. Omega, S.A., Barcelona.

- **CUNÍ, J. y CUNÍ, J., 1993**: "Consideraciones en torno a la técnica de la encaústica grecorromana", 107-124, *Archivo Español de Arqueología*, 66. Edt. Ministerio de Cultura, Madrid.

- **DOERNER, M., 1975**: *Los materiales de pintura*, Edt. Reverte S.A., Barcelona. 3ª Edición. "(pp.133-268, encaústica)"

- **GARCIA, R., VIGIL, R., RAMOS, M.L., 1992**: "Estudio arqueométrico de algunos materiales cerámicos de construcción (tejas y antefijas) de la Hispania romana", *Boletín de la Sociedad Española de Cerámica y Vidrio*, 31, 435-439, Madrid.

- **GIJÓN GABRIEL, E., 1988**: "Las terracotas del Museo Nacional de Arte Romano de Mérida. Breve referencia sobre su estudio", 73-89. *Los materiales cerámicos y vítreos en Extremadura* (Editor RINCÓN, J.M.), Edt. Instituto de cerámica y vidrio, C.S.I.C. Madrid.

- **LLORENS ARTIGAS, J., 1980**: Formulario y prácticas de cerámica. Edt. G.G, S.A. Barcelona. 5ª edición.

- **MOLLARD BESQUES, S., 1963**: *Catalogue raisonné des figurines et reliefs en terre cuite grecs et romains, vol.II, Myrina, Musée du Louvre et collections des universités de France*, edt. Musées Nationaux, París.

- **NICHOLLS, R., 1984**: "La fabrication des terres cuites", *Les Dossiers d'Histoire et d'Archeologie*, 81, 24-31, Dijon.

- **POTTIER, E., 1890**: *Les statuettes de terre cuite dans l'antiquité*, Edt. F. Boccard, París.

- **RABEISEN, E. y VERTET, H., 1986**: *Les figurines galloromaines en terre cuite d'Alesia*, Dijon.

- **RAMOS SAINZ, M.L., 1996**: *Las terracotas arquitectónicas en la Hispania Romana: La Tarraconense*, Edt. Universidad Autónoma, Madrid.

- **RAMOS SAINZ, M.L., 1994**: "Las antefijas romanas de la Tarraconense: tipos más representativos", *La ciudad en el mundo romano, XIV Congreso Internacional de Arqueología Clásica*, 344-346, Tarragona.

-**RAMOS SAINZ, M.L., 1993**: "Proceso de fabricación de las antefijas de época romana: el caso de la Hispania Citerior", *XXII Congreso Nacional de Arqueología*, vol.I, 437-442, Vigo.

- **RAMOS, M.L., y CHINCOA, C., 1994**: "Las antefijas del Museo Arqueológico Nacional", 51-76, *Boletín del Museo Arqueológico Nacional*, XII, 1 y 2. Madrid.

- **RAMOS, M.L., y FUENTES, L.,(en prensa)**: "Reproducción en un taller cerámico de la antigua manufactura de terracotas en época romana", *II Congreso de Arqueología Peninsular*, Zamora (1996).

- **RAMOS, M.L., VIGIL, R., GARCIA, R., 1990**: "Empleo de la técnica de difracción por Rayos X, en el estudio de terracotas arquitectónicas romanas de Ampurias y Tarraco", *Cuadernos de Prehistoria y Arqueología de la Universidad Autónoma de Madrid*, 17, 121-136.

- **RAYAT,O. y COLLINGNON, M., 1888**: *Histoire de la Cerámique Grecque*, París.

- **VERTET, H., 1983**: *Les techniques de fabrication des lampes en terre cuite du centre de la Gaule*, Revue Archéologique Sites, Hors série, 20, Aviñón.

- **VERTET, H., 1976**: "Statuettes peintes de l'atelier de Saint-Bonnet-Yzeure (Allier)", *Figlina*, 1, 167-168, Lyón.

- **VIGIL, R., GARCÍA, R., CALA, V. y RAMOS, M.L., 1993**: "Estudio mineralógico y químico de terracotas arquitectónicas de época romana en la tarraconese". *La ciudad en el mundo romano, XIV Congreso Internacional de Arqueología Clásica*, 430-431, Tarragona.

www.ingramcontent.com/pod-product-compliance
Lightning Source LLC
LaVergne TN
LVHW070534110826
845147LV00017BA/987

9780860549697